AF511008

TUCH FÜHL UNG

Kissen, Plaids und Accessoires

Silke Leffler, Natascha Schröder, Loreta Jasiukėnienė, Elzė Jasiukėnaitė & acufactum

Selbstgenähtes verleiht jedem Zuhause eine besondere, persönliche Note. Jedes handgefertigte Stück erzählt seine eigene Geschichte und trägt zur Schaffung einer Atmosphäre bei, in der wir uns geborgen und wohlfühlen.

VORWORT

Willkommen in der kreativen Welt der Handarbeit! Unser Buch »Tuchfühlung« lädt ein, die Freude und Zufriedenheit des Handarbeitens zu entdecken und zu erleben. Von feinen Stickereien im Kreuzstich, Handnäharbeiten und dem Nähen mit der Nähmaschine – die Kunst des Handarbeitens verbindet Tradition mit Kreativität und bietet unzählige Möglichkeiten, den persönlichen Stil zum Ausdruck zu bringen.

Auf den folgenden Seiten finden sich Anleitungen, inspirierende Projekte und hilfreiche Tipps, um wunderschöne und einzigartige Stücke zu schaffen.

Die Kunst von Silke Leffler ist wahrlich zauberhaft. Ihre Illustrationen für die Stoffe und Stickarbeiten in diesem Buch sind ein Fest für die Augen und berühren unsere Seele. Sie versteht es, Magie in jedem Werk zu erschaffen.

Ein besonderer Dank geht an Natascha Schröder, die mit ihrer Leidenschaft und ihrem Können alle Näharbeiten und Anleitungen, sowie Stickmotivumsetzungen für dieses Buch entworfen hat. Ihre Expertise und Liebe zum Detail spiegeln sich in den Projekten des Buches wider und machen es so zu einem wertvollen Begleiter für alle Handarbeitsbegeisterten. Ihre klaren Anleitungen sorgen dafür, dass sowohl Anfänger als auch Fortgeschrittene Freude an der Umsetzung der Projekte haben.

Ebenso möchten wir Loreta Jasiukėnienė und Elzė Jasiukėnaitė danken, deren außergewöhliche Blickwinkel auf Handarbeiten die Modelle dieses Buches auf fantasievolle und geradezu märchenhafte Weise eingefangen haben. Ihre einzigartige Bildsprache verleiht diesem Buch eine besondere Tiefe und macht es zu einem wahren Bildband. Sie haben es geschafft, die Schönheit und Kreativität der Handarbeit in beeindruckenden Bildern festzuhalten, die jedes Projekt in seiner ganzen Pracht zeigen.

In »Tuchfühlung« steckt viel Liebe zum Detail und es ist unser Ziel, diese Begeisterung zu teilen. Möge dieses Buch nicht nur als Handbuch, sondern auch als Quelle der Entspannung und Freude dienen.

Herzliche Grüße

Ute Menze & Meike Menze-Stöter

Silke Leffler

Silke Leffler ist eine Künstlerin, deren Zeichnungen das in den Blick nehmen, was oft in der Hektik des Alltags übersehen wird. Ihre Werke fangen glückliche und unbefangene Momente im Leben ein und inspirieren uns, die Welt aus einer neuen, verzauberten Perspektive zu betrachten. Ihre Kunst ist eine Einladung, innezuhalten und die Schönheit in den kleinen Dingen zu entdecken.

TUCHFÜHLING | Inhalt

HINWEIS FÜR ANFÄNGER

In unserem kleinen Stick- & Nählexikon, auf den Seiten 102 & 120-121, finden sich viele nützliche Tipps zu Materialien, besonderen Techniken aber auch allgemeine Informationen zum Nähen & Sticken.

AUF EIN WORT MIT DER AUTORIN

*»Wenn Du mit dieser Decke auf ›**Tuchfühlung**‹ gehst, hast Du alles in einem Moment zusammen, was für uns das gleichnamige Buch aus- und so besonders macht:*

1. *wunderschöne Stoffe mit der Nähmaschine zu besonderen textilen Unikaten für Dein Zuhause verarbeitet*
2. *handgenähtes Patchwork*
3. *eine traumhaft schöne, riesengroße, handgefertigte Kreuzstichstickerei!*

Die Decke möchte Dich auf den ersten Blick mit ihrem Gesamtausdruck überzeugen, und wenn sie es geschafft hat Deinen Blick einzufangen, dann zeigt sie Dir immer mehr Details auf. Du musst nur immer weiter, genauer hinschauen und Dich von den einzelnen Elementen begeistern lassen. Es gibt so viel zu entdecken, lass' mich Dich herumführen und Dir alles genau zeigen!

*Wir beginnen natürlich mit den Stoffen aus der diesjährigen Winter-/Weihnachtskollektion, denn sie sind die Stars im Buch. Oder sagen wir mal die offensichtlichen Stars – zu den heimlichen kommen wir auch noch. So gibt es winter-/weihnachtliche Designs nach Motiven von Silke Leffler, in denen sich **Nikoläuse** tummeln, **Weihnachtsleckereien** Appetit machen, die Nasen am Schaufenster des **Spielzeugladens** plattgedrückt werden und im **Weihnachtsfabelwald** die Vorbereitungen für das Fest auf Hochtouren laufen. Nach getaner Arbeit hat dann auch der Weihnachtsmann Zeit für **Winterweihnachtssport**, an einem **Wintertag** freuen wir uns über **Flockentanz**, und zarte **Engel im Winterwald** verzaubern die kommende stille Jahreszeit. Beim Schreiben dieser Liste fällt mir besonders auf, wie viel Poesie in den Motiven steckt …*
*Die acht Stoffdesigns haben auf den ersten Blick die Struktur für das Buch angeboten, jeder Stoff sollte sein eigenes Kapitel haben. So ist es dann auf den zweiten Blick doch nicht geblieben, wie so oft verändern sich die Dinge, wenn ich sie länger in den Händen hin und her drehe. Mich auf einen Motivstoff pro Kapitel zu beschränken und ihn (nur) mit passenden Basics zu kombinieren, hat mich nicht zufrieden gestellt, es war auf einmal klar, dass die Stoffe miteinander kombiniert werden möchten. Mal mehr, mal weniger Stoffdesigns in einem Modell, **Flockentanz** und **Wintertag** z. B. gehören ja auf den ersten Blick zusammen, aber **Nikoläuse** lieben z. B. **Weihnachtsleckereien** …*

Und nach ersten geglückten Versuchen bin ich immer mutiger geworden, warum nicht alle Stoffe zusammen in einem Modell zeigen, am besten in einer Decke natürlich, denn ein Kissen würde nicht genug Platz dafür bieten. Zu viel des Guten sollte es dann aber auch nicht sein, einfach nur bunt reicht natürlich nicht. Die Lösung dieses Problems waren dann Patchwork-Sterne, von Hand aus kleinen Stoffstücken zusammengenäht (EPP, English Paper Piecing). Diese Handarbeit habe ich neu für mich entdeckt, wie ich sie als Handstickerin so lange übersehen konnte, ist mir heute ein Rätsel. Die Sterne, die ich aus kleinsten Stoffstücken zusammengefügt habe, siehst Du jetzt auf der Decke. Der ruhige Hintergrund aus einem unserer Basics trägt sie mit Leichtigkeit und lässt sie strahlen, man muss sie einfach erkunden und bestaunen, oder?
EPP begegnet Dir im Buch an mehreren Stellen, gezielt als das berühmte i-Tüpfelchen eingesetzt, ist es eine Bereicherung und einer der heimlichen Stars dieses Buches! Du merkst es wahrscheinlich schon, ich bin überzeugt und werde versuchen, Dich auch zu begeistern, immer wieder! Damit sind zu dem einen heimlichen Star im Buch erst einmal genug Worte gemacht, Taten müssen folgen ...

Dann gibt es noch den zweiten heimlichen Star in diesem Buch, oben auf der Decke kannst Du ihn in vollen Zügen genießen: handgestickter Kreuzstich! Weil Kreuzstich meine ganz persönliche große Liebe schon immer ist und immer bleiben wird und weil meine Beziehung zu acufactum auch mit dieser Liebe begonnen hat, sollte sie im Buch einen entsprechenden Platz einnehmen dürfen. Nach und nach entstanden zu jedem Stoff ein oder auch mal zwei passende Stickmotive. Ich hatte das große Glück, dass ich ungebremst arbeiten konnte, Stichwort ›mach' einfach mal, dann sehen wir schon‹. Wieder nach und nach wurden schon mal einzelne Motive gestickt, Kissen mit den Stickereien zu fertigen ist meine Grunddisziplin, Du findest im Buch genügend Beispiele dafür.
Als es immer mehr Einzelmotive wurden, kam es wie bei den Stoffen: eigentlich will ich alle Motive zusammen sehen, ich will ein riesengroßes Stickmotiv, alle Motive gleichberechtigt nebeneinander. Und beim Gedanken nebeneinander war klar, eine lange Reihe muss es sein! Der graue Basic-Stoff rahmt die Stickerei so ein, wie er die Sterne trägt, er hält alles, worum es in diesem Buch geht, in diesem einen Modell zusammen. Perfect match nennt man es, glaube ich – ich sage: ›Mega-Decke‹!

Und dann, alles umfassend, ist da noch der dritte Star im Buch: die Fotografien von Loreta Jasiukėnienė! Fast ist es wie Zauberei, dass sich hier der Kreis zu den Stoffen schließt, denn Loretas Fotos sind ebenso poetisch wie die Motive auf den Stoffen. Ihr Blick geht auf ›**Tuchfühlung**‹ mit den Modellen, mal sieht sie sie im Ganzen, dann schaut sie noch genau auf das eine Detail, das ihr besonders aufgefallen ist. Und sehr gekonnt setzt sie Decken, Kissen & Co. in Szenen, stellt ihnen einzelne besondere Möbelstücke und Dekoratives zur Seite, alles mit Bedacht ausgewählt in der richtigen Menge, nicht zu viel und nicht zu wenig. Offensichtlich sind diese Szenen so einladend und wärmend, auch kleine und große Besucherinnen fühlen sich sehr wohl darin – worüber wir uns sehr freuen!
Mit dieser Einleitung schicke ich Dich jetzt ins Buch. Es geht direkt beim Umblättern weiter mit den Stars des Buches – aber ganz bestimmt schaust Du jetzt mit einem neuen, sensiblen Blick für die heimlichen und offensichtlichen Stars auf die Seiten.

Ich wünsche Dir von ganzem Herzen große Freude zwischen den Buchdeckeln. Und wenn es gelingt, dass Du selbst zu Nadel und Faden greifst, dann ist das meine größte Freude!«

Natascha Schröder

Decke »Tuchfühlung«

Größe 190 x 140 cm | Stickereigröße 20 x 136 cm (110 x 750 Kreuze)

MATERIAL
- Stickmuster ›Weihnachtsfest‹, Seiten 104-111
- EPP-Schablone Diamant Nr. 1, Seite 118
- 0,60 m Zählleinen ›Mini-Tupfen‹ natur-weiß (A)
- 1,50 m BW-Stoff ›Emma‹ Kiesel (B)
- 0,30 m BW-Stoff ›Streifen‹ anthrazit-weiß (C)
- 2,00 m bauschiges Volumenvlies zum Einnähen (D)
- 2,00 m Strickstoff ›Bouclé Maxi‹ grau (E)
- verschiedene BW-Stoffstücke für die Applikationen (F) z.B. ›Streifen‹ anthrazit-weiß, ›Emma‹ Thymian, ›Tupfen‹ rot-weiß und grau-weiß, ›Mini Tupfen‹ weiß-rot, ›Weihnachtsleckereien‹, ›Winterweihnachtssport‹, ›Weihnachtsfabelwald‹, ›Wintertag‹, ›Flockentanz‹, ›Nikoläuse‹, ›Spielzeugladen‹, ›Engel im Winterwald‹
- Papier (G) für Diamantschablonen
- Stickgarne (je Farbe 1 Döckchen, außer je 2 Stück von 2400, 3114, 3741 und 4 Stück von 3006)

ZUSCHNITT *inkl. Nahtzugabe*
A: 60 x 140 cm
B: 42 x 140 cm (B1), 100 x 140 cm (B2)
C: 5 Streifen 5 x 140 cm
D: 200 x 150 cm
E: 200 x 145 cm
G: 72x Schablone Nr. 1 (ohne Nahtzugabe zuschneiden!)

Sticke das Stickmuster mittig auf A, Pfeile markieren die Mitte. Bereite die Stickerei danach wie auf Seite 102 beschrieben zum weiteren Verarbeiten vor.
Nähe B1 oben, B2 unten an A. Lege die so vorbereitete Vorderseite auf D und reihe die beiden Teile zusammen. Dann lege beides links auf links auf E und reihe noch einmal.
Steppe alle drei Lagen quer durch, die BW-Stoffteile im Abstand von ca. 10 cm, den Leinenteil ober- und unterhalb der Stickerei zweimal im Abstand von ca. 7 cm.
Schneide das fertig gesteppte Stück gerade auf ca. 190 x 140 cm zurecht und fasse es mit den Streifen aus C rundum mit einem Randbinding, wie im Nählexikon auf Seite 120 beschrieben, ein.
Fertige mithilfe der Papierschablonen (G) und BW-Stoffe (F) 3 große Diamant-Sterne, siehe Seite 12–14. So lange die Papierschablonen noch nicht entfernt wurden, können die Sterne bequem auf der Decke hin und her arrangiert werden. Zur Orientierung dient die Skizze rechts, oder Du findest Deine ganz eigene Anordnung. Appliziere die Sterne dann mit feinen Saumstichen auf die Decke.

B1
C
A
B2
F
F
F

Grundkurs ›English Paper Piecing‹

English Paper Piecing (abgekürzt EPP) bezeichnet die Technik, kleine, geometrische, aber nicht rechtwinklige Stoffstücke mithilfe von Papierschablonen zusammenzunähen – und zwar von Hand. In diesem Buch sind zwei Grundformen, Hexagone und Diamanten, verarbeitet. Wie EPP geht, beschreibe ich Dir jetzt Schritt für Schritt.

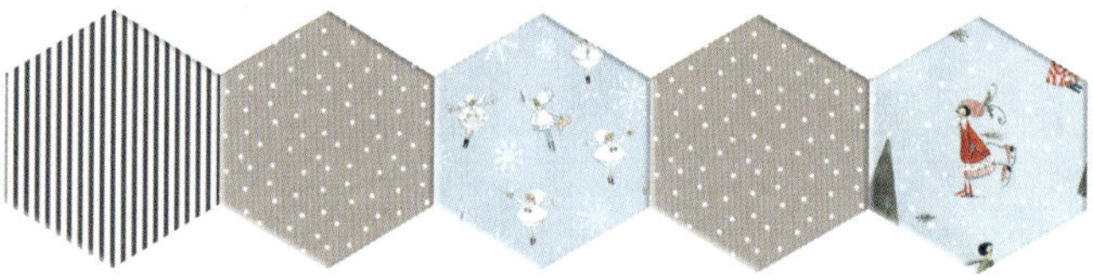

Um einen leichten Einstieg, einen unkomplizierten ersten Versuch zu starten, werden einfache Hilfsmittel verwendet, die Du bestimmt zur Hand hast: Stücke verschiedener, leichter Baumwoll-Stoffe (ca. 15 x 15 cm), ein Blatt weißes Papier, ein Bleistift, eine Schere für Papier, eine Schere für Stoff, ein Stoffklebestift oder alternativ Bastelklebestift, eine Nähnadel und Nähgarn. Unser Ziel ist es an dieser Stelle noch nicht, ein Kissen, einen Läufer oder andere Dekorationen zu fertigen. Unser Ziel ist es, die Technik kennenzulernen und als erste Übung eine Reihe zu nähen, wie sie oben zu sehen ist.

PAPIERSCHABLONEN VORBEREITEN

Es beginnt mit Papierschablonen der gewünschten Formen, Du brauchst also ein Blatt weißes Papier. Wir arbeiten in unserem Grundkurs mit DER Grundform des EPP, dem Hexagon mit einer Kantenlänge von 2" (5,08 cm). Die Schablone findest Du mit der Nr. 2 auf Seite 118. Übertrage die Schablone auf das Blatt Papier, im ersten Versuch ist der direkte Weg der Beste: lege das Papier auf die Seite im Buch, pause die Form durch und schneide sie auf der gezeichneten Linie aus. Auf ein A4-Blatt passen bis zu 5 solcher Schablonen, bereite sie alle vor.

STOFFE VORBEREITEN

Dann geht es weiter zum Stoff. Schneide 5 verschiedene Quadrate von 15 x 15 cm zu und lege die Papierschablone jeweils mittig auf die Rückseite. Übertrage das Hexagon entlang der Kanten der Schablone auf den Stoff und schneide es zzgl. 1 cm Nahtzugabe aus. Fahre mit dem Klebestift rundum entlang der Ränder der Papierschablone, nicht zu nah an der Kante und nicht auf den Stoff. Falte die Nahtzugabe des Stoffes von vorne nach hinten um die Papierschablone und drücke sie dort auf dem Klebestreifen fest – Deine ersten Hexies sind fertig!

HEXIES ZUSAMMENNÄHEN

Im nächsten Schritt werden die 5 Hexies mit Saumstichen zusammengenäht. Der Saumstich ist nicht unsichtbar, das macht den besonderen Charme des Handgenähten aus. Wähle daher ein farblich passendes Nähgarn zum Stoff. Bei unterschiedlich farbigen Stoffen eignet sich ein hellgraues Garn, dieses passt sich harmonisch an alle Farben an und fällt später kaum auf. Ein Baumwollgarn ist für das Nähen von Hand besonders angenehm.

Lege zwei der Hexies an einer Seite rechts auf rechts und nähe sie mit feinen Stichen entlang der Stoffumbruchkante zusammen. Zuerst den Faden mit kleinen Stichen an einer Ecke des

Hexies fixieren. Fasse mit der Nadel wenige Stofffäden beider Hexies an der Umbruchkante und ziehe den Faden durch *(siehe Skizze unten)*. Wiederhole dieses Vorgehen im Abstand von jeweils ca. 2 mm, bis die Seite komplett zusammengenäht ist, und vernähe den Faden am Ende der Naht der nächsten Ecke wieder mit 2-3 kleinen Stichen auf einer Stelle. Achte darauf, die Papierschablone nicht mitzufassen, damit sie später leicht wieder entfernt werden kann.
Das dritte Hexie dann gegenüber der ersten Naht rechts auf rechts auf das zweite legen und mit dem zweiten Hexie zusammennähen. Nähe die beiden letzten Hexies genauso an, so dass eine Reihe entsteht und entferne zum Schluss vorsichtig die Papierschablonen. Wie ein fertiges EPP-Stück appliziert wird, kannst Du im Nählexikon unter Saumstich nachlesen.

FAZIT
Das erste Ziel haben wir erreicht, eine Reihe aus 5 Hexies liegt vor uns und mit dieser Grundausbildung kannst Du alles fertigen, was Du Dir vorstellst! Wenn Du Dich an Dein erstes größeres Projekt wagen möchtest, z. B. das Hexie-Kissen von Seite 28, kannst Du immer hierher zurückkehren und den Grundkurs noch einmal durchgehen. In den Anleitungen zu den EPP-Projekten im Buch findest Du jeweils spezifische Hinweise, mit der Grundtechnik fängt aber jedes (auch noch so große) Projekt an.
Ich hoffe sehr, dass ich Dich mit diesem Grundkurs EPP für diese Handarbeitstechnik begeistern kann! Sie bietet so viele Möglichkeiten, braucht dabei keine große Ausrüstung oder viel Platz, das Spielen mit den Formen macht so viel Freude ... und das Allerbeste: Du kannst aus sehr kleinen Stoffstücken wundervolle Dinge fertigen, jedes Stückchen Stoff wird so noch wertvoller und Du kannst Deine Schätze (fast) restlos verwerten.
Wie bereits erwähnt, werden in diesem Buch neben den Hexies auch Diamantformen verarbeitet. Eine Anleitung dazu findest Du auf der nächsten Seite.
Nun wünsche ich Dir von Herzen viel Freude mit EPP!

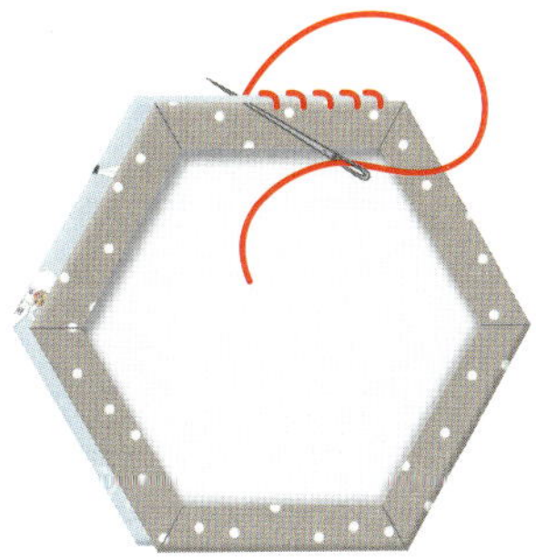

DIAMANT-STERNE NÄHEN

Neben der Grundform Hexagon wird hier im Buch auch die Form »Diamant« verwendet, welche einer Raute entspricht und vier gleichlange Seiten hat. Wir haben sie wie die großen Hexagone mit einer Länge von 2“ (5,08 cm) verwendet. Die Schablone für einen Diamanten findest Du mit der Nr. 1 auf Seite 118. Die Grundtechnik für das Anfertigen von Diamanten ist dieselbe wie für Hexies: Papierschablone vorbereiten, zzgl. Nahtzugabe auf den Stoff übertragen und ausschneiden, den Stoff um das Papier falten und auf der Rückseite festkleben, Diamanten von Hand zusammennähen. Das naheliegendste Projekt für ein Winter-/Weihnachtsbuch sind aus Diamanten zusammengesetzte Sterne. Wir haben eine große Variante z. B. auf die Decke »Tuchfühlung« auf Seite 10 appliziert, eine kleine Variante schmückt die rote Leinenschürze auf der rechten Seite. Folgende Skizzen zeigen Dir, wie die Sterne zusammengesetzt werden:

GROSSER DIAMANT-STERN

Ein großer Stern besteht aus 24 Diamanten, nutze die Diamant-Schablone Nr. 1 auf Seite 118. Bereite alle Diamanten wie beschrieben vor und nähe diese wie folgt zusammen:

1. Nähe jeweils 2 Diamanten zu 12 Paaren zusammen.

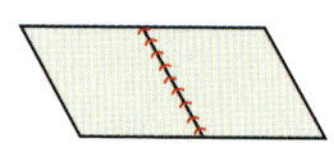

2. Nähe jeweils 2 Paare zu 6 Zacken zusammen.

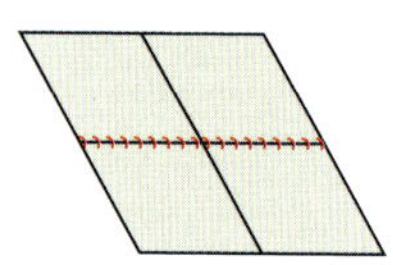

3. Nähe zunächst je drei Zacken zu einem halben Stern (a) und dann beide Hälften (b) zusammen.

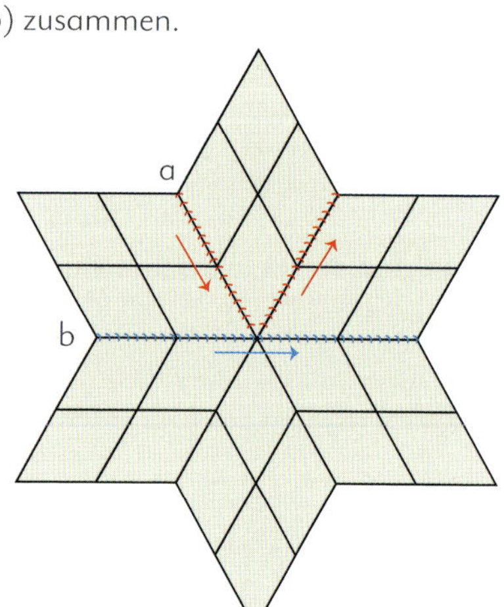

KLEINER DIAMANT-STERN

Ein kleiner Stern besteht aus 6 Diamanten, nutze die Diamant-Schablone Nr. 1 auf Seite 118. Bereite alle Diamanten wie beschrieben vor und nähe diese wie folgt zusammen:

1. Nähe jeweils 3 Diamanten zu einem halben Stern zusammen.

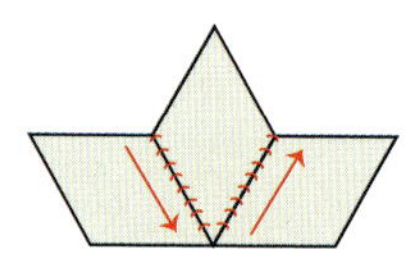

2. Nähe zuletzt beide Sternhälften zu einem ganzen Stern zusammen.

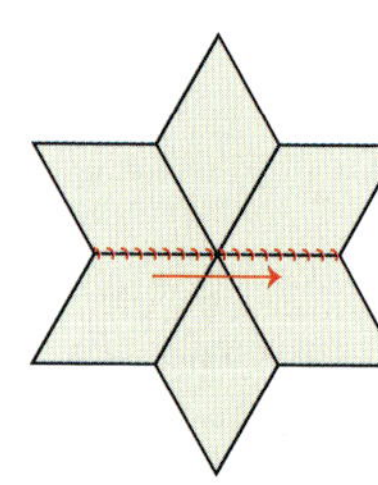

Beim Umklappen des Stoffes auf die Rückseite der Diamant-Schablonen bleiben die Ecken nach außen gerichtet stehen. Anders, als bei einem Hexagon, wo der Stoff ringsum nach innen gefaltet wird, so dass keine Ecke herausragt. Bei einer Raute ist das nicht möglich. Die überstehenden Ecken werden nicht zurückgeschnitten, sondern beim späteren Applizieren als Nahtzugabe nach hinten geknickt, so dass sie nicht mehr zu sehen sind.

FEINE ZIERDE

Mit Reihen aus kleinen Hexies (Anleitung S. 12, Schablone Nr. 2a) und Diamant-Sternen (Anleitung S. 14, Schablone Nr. 1) sind die Schürzen auf dieser Seite fein verziert. Auf dem roten Leinenstoff strahlen sie ganz besonders schön. Vielleicht hast Du aber auch gleich ein anderes Deiner Kleidungsstücke im Sinn, dem ein applizierter Stern oder eine Hexie-Reihe gut stehen würde – vielleicht eine Bluse oder eine Jeans-Jacke?

Wintertag

An einem dieser frostig-kalten Januartage mit blauem Himmel und vom Frost gezuckerten Bäumen, an einem wundervollen Wintertag, hat es uns natürlich nach draußen gezogen, wir haben Schneemänner gebaut, sind Schlittschuh gelaufen und Flocken hinterhergejagt. Wieder Zuhause greifen wir zu Kuscheldecke, gemütlichen Kissen und einer Wärmflasche, um es uns gemütlich zu machen und den Erlebnissen noch etwas nachzuhängen.

Kissenpaar »Flockentanz«

Größe Kissen mit Stickerei 40 x 40 cm & Kissen mit Passe 50 x 50 cm

KISSEN MIT STICKEREI
Stickereigröße ca. 30 x 30 cm (179 x 178 Kreuze)

MATERIAL
- Stickmuster ›Flockentanz‹, Seite 117
- 0,50 m Zählleinen natur/ungebleicht (A)
- 0,50 m BW-Stoff ›Flockentanz‹ (B)
- 0,20 m BW-Stoff ›Streifen‹ anthrazit-weiß (C)
- Stickgarne
- Reißverschluss 30 cm

ZUSCHNITT *inkl. Nahtzugabe*
A: 50 x 50 cm
B: 42 x 42 cm (B1), 33 x 42 cm (B2), 13 x 42 cm (B3)
C: 2 Streifen 5 x 140 cm

KISSEN MIT PASSE

MATERIAL
- 0,60 m BW-Stoff ›Flockentanz‹ (A)
- 0,50 m Webstoff ›Fischgrät‹ blau (B)

ZUSCHNITT *inkl. Nahtzugabe*
A: 52 x 52 cm (A1), 15 x 52 cm (A2)
B: 36 x 52 cm (B1), 40 x 52 cm (B2)

KISSEN MIT STICKEREI
Fertige die Stickerei mittig auf A, dafür den mit roter Linie markierten Rapport insgesamt viermal sticken, zweimal neben- und zweimal übereinander. Bereite die Stickerei zur Weiterverarbeitung vor, wie auf Seite 102 beschrieben. Schneide die fertige Stickerei dann auf 42 x 42 cm zurecht, lege sie links auf links auf B1 und versäubere beide Teile zusammen rundum. Nähe zwischen die Teile B2 und B3 an der langen Kante den Reißverschluss ein. Lege Vorder- und Rückseite links auf links, nähe sie rundum zusammen und fasse das Kissen mit dem Randbinding aus C ein.

KISSEN MIT PASSE
Nähe die obere lange Seite von B2 mit einem schmalen Saum um. Falte A2 an der langen Seite links auf links zur Passe und nähe diese an die untere lange Seite von B1. B1 mit Passe ist der Übertritt für die Rückseite mit Hotelverschluss, B2 der Untertritt. Lege zuerst den Übertritt rechts auf rechts oben auf die Vorderseite, dann den Untertritt unten und nähe alle Seiten rundum zusammen.

Besonders die fröhlich umhertanzenden Schneeflöckchen sind uns von unserem Wintertag draußen in Erinnerung geblieben.

Wärmesäckchen & Dekoherz

Größe Säckchen 60 x 35 cm & Herz 18 x 12 cm

WÄRMESÄCKCHEN

MATERIAL

- 0,70 m BW-Stoff ›Wintertag‹ (A)
- 0,70 m Webstoff ›Fischgrät‹ blau (B)
- 0,90 m BW-Stoff ›Streifen‹ anthrazit-weiß (C)
- 0,70 m BW-Stoff ›Mini Tupfen‹ weiß-rot (D)
- 0,65 m bauschiges Volumenvlies zum Einnähen (E)
- handelsübliche Wärmflasche

ZUSCHNITT *inkl. Nahtzugabe*

A: 65 x 40 cm
B: 65 x 40 cm
C: 2x 60 x 35 cm (C1), 15 x 140 cm (C2), 5 x 140 cm (C3)
D: 2 Teile 65 x 40 cm
E: 2 Teile 65 x 40 cm

DEKOHERZ

Stickereigröße ca. 10 x 7 cm (58 x 34 Kreuze)

MATERIAL

- Stickmotiv Schlittschuhläuferin aus Muster ›Weihnachtsfest‹, Seite 106
- Schablone Herz Nr. 8, Seite 118
- 0,15 m Zählleinen natur/ungebleicht (A)
- 0,15 m BW-Stoff ›Streifen‹ anthrazit-weiß (B)
- 0,25 m Teddy-Plüsch steingrau (C)
- 0,50 m Satinband creme
- 100 g Füllwatte
- Stickgarne
- 1 Holzperle

ZUSCHNITT *inkl. Nahtzugabe*

A: 15 x 15 cm
B: 2 Teile 15 x 15 cm
C: 25 x 25 cm

WÄRMESÄCKCHEN

Nähe aus C3 ein langes Band für die Schleife. Lege dafür den Streifen an der langen Seite rechts auf rechts, nähe ihn rundum zusammen und an den kurzen Seiten schräg ab. Lasse dabei an der langen Seite eine Wendeöffnung. Schneide den überschüssigen Stoff in den Ecken ab, wende das Band und schließe die Wendeöffnung.

Das Wärmesäckchen besteht aus zwei Teilen, dem Innen- und dem Außensäckchen. Für das Innensäckchen stecke die beiden Teile C1 rechts auf rechts aufeinander und nähe sie links, rechts und unten zusammen.

Steppe für das Außensäckchen die Teile A und B jeweils auf D + E, gehe vor wie in der Anleitung für die große Tasche auf Seite 26 beschrieben. Lege auch hier die beiden gesteppten Teile rechts auf rechts aufeinander und nähe sie an drei Seiten zusammen, dann wenden. Schiebe das Innen- in das Außensäckchen und schneide einen eventuell überstehenden Rand oben zurecht. Fasse das Säckchen mit einem Binding aus C3 ein und befülle es mit einer warmen Wärmflasche.

DEKOHERZ

Sticke das Motiv auf A, platziere es in der Breite mittig ca. 2 cm vom unteren Rand entfernt. Lege 1 Teil B links auf links hinter A und nähe den anderen Teil B unten an A (der Streifenstoff liegt dabei quer). Übertrage dann die Herzschablone auf die Rückseite. Schneide das Herz aus und versäubere es rundum.

Stecke die Vorderseite dann rechts auf rechts auf C und nähe beide Seiten rundum, mit einer Wendeöffnung, zusammen, wobei oben das Band zum Aufhängen in die Naht mit eingefasst wird. Schneide die Nahtzugabe an den Rundungen und der oberen Spitze ein, an der unteren Spitze bis kurz vor die Naht ab. Fülle nach dem Wenden das Herzchen mit Watte, schließe die Wendeöffnung und ziehe die Holzperle über das Satinband.

Wohlig warm wird es mit einer liebevoll umhüllten Wärmflasche im Handumdrehen.

Beim Blick auf die fröhliche Gesellschaft strahlen die Augen der kleinen Schlittschuhläuferin, gleich geht es los!

Kissenpaar »Schlittschuhläuferin«

Größe Kissen mit Stickerei 30 x 50 cm & Steppkissen 45 x 45 cm

KISSEN MIT STICKEREI
Stickereigröße ca. 10 x 7 cm (58 x 34 Kreuze)

MATERIAL

- 0,40 m Zählleinen natur/ungebleicht (A)
- 0,40 m BW-Stoff ›Wintertag‹ (B)
- 0,40 m Webstoff ›Karo‹ blau (C)
- 0,40 m Paspel 10 mm dunkelgrau
- Stickgarne

ZUSCHNITT *inkl. Nahtzugabe*
A: 40 x 30 cm
B: 32 x 34 cm (B1), 32 x 20 cm (B2)
C: 25 x 52 cm (C1), 20 x 52 cm (C2)

STEPPKISSEN

MATERIAL

- 0,55 m BW-Stoff ›Wintertag‹ (A)
- 0,50 m gekochte Wolle rot (B)
- 0,50 m bauschiges Volumenvlies zum Einnähen (C)
- Reißverschluss 30 cm

ZUSCHNITT *inkl. Nahtzugabe*
A: 2 Teile 50 x 50 cm
B: 48 x 47 cm
C: 50 x 50 cm

KISSEN MIT STICKEREI
Sticke das Motiv mittig auf A, bereite sie, wie auf Seite 102 beschrieben, zur Weiterverarbeitung vor und schneide sie zuletzt auf 32 x 20 cm zu. Lege den Zuschnitt links auf links auf B2 und versäubere beide Teile zusammen rundum. Nähe B1 links an A und fasse dabei die Paspel in die Naht zwischen den beiden Stofflagen ein.
Nähe die untere lange Seite von C1 und die obere von C2 mit einem schmalen Saum um. C1 ist der Übertritt für die Rückseite mit Hotelverschluss, C2 der Untertritt. Lege zuerst den Übertritt rechts auf rechts oben auf die Vorderseite, dann den Untertritt unten. Nähe alle Seiten rundum zusammen.

STEPPKISSEN
Für die Vorderseite wird der Baumwollstoff A auf C gesteppt: lege dazu die beiden Stücke aus A links auf links auf einander, zwischen ihnen das Stück Volumenvlies C. Steppe alle drei Lagen durch. Gestalte das Stepp-Muster dabei z. B. so wie bei der großen Tasche auf Seite 26.
Schneide das Vorderteil danach auf 48 x 47 cm zu. An der Unterkante zwischen Vorderseite und Rückseite B wird der Reißverschluss eingenäht, falte dann beide Seiten rechts auf rechts und nähe die restlichen drei Seiten rundum zusammen.

Decke »Wintertag«

Größe 100 x 140 cm

MATERIAL

- 1,20 m BW-Stoff ›Wintertag‹ (A)
- 1,20 m BW-Stoff ›Streifen‹ anthrazit-weiß (B)
- 1,20 m gekochte Wolle rot (C)
- 1,20 m Teddy-Plüsch steingrau (D)
- 1,20 m bauschiges Volumenvlies zum Einnähen (E)

ZUSCHNITT *inkl. Nahtzugabe*

A: 4 Streifen 110 x 22 cm
B: 3 Streifen 110 x 22 cm
C: 6 Streifen 110 x 5 cm als Paspeln für die Vorderseite, 5 Streifen 110 x 5 cm als Randbinding
D: 120 x 140 cm
E: 120 x 140 cm

Nähe für die Vorderseite die Streifen aus A und B an den Längsseiten abwechselnd aneinander. Beginne und ende mit einem Stoffstreifen A. Fasse gleichzeitig den roten Stoff C zwischen den Nähten mit: lege jeweils einen Streifen C an der langen Seite links auf links zusammen und fasse die offene Kante in die Naht zwischen A und B mit ein. Es entsteht so der Eindruck einer Paspel.

Lege die Vorderseite zuerst auf E und reihe die beiden Teile zusammen. Dann lege beides links auf links auf D und reihe noch einmal.

Steppe dann alle drei Lagen wie folgt durch: Steppe die Streifen A jeweils einmal mittig und die Streifen B jeweils dreimal im Abstand von ca. 5 cm längs ab.

Schneide das fertig gesteppte Stück gerade auf 100 x 140 cm zurecht und fasse es mit den verbliebenen Streifen aus C rundum mit einem Randbinding ein.

Tasche »Wintertag«

Größe 70 x 60 x 12 cm

MATERIAL

- 1,00 m BW-Stoff ›Wintertag‹ (A)
- 0,30 m BW-Stoff ›Streifen‹ anthrazit-weiß (B)
- 0,80 m gekochte Wolle rot (C)
- 1,00 m bauschiges Volumenvlies zum Einnähen (D)
- 1,00 m BW-Stoff ›Mini Tupfen‹ weiß-rot (E)

ZUSCHNITT *inkl. Nahtzugabe*

A: 2 Teile 75 x 70 cm
B: 2 Streifen 12 x 70 cm (B1), 2 Streifen 5 x 140 cm (B2)
C: 2 Teile 72 x 65 cm
D: 2 Teile 80 x 75 cm (D1), 2 Streifen 10 x 68 cm (D2)
E: 2 Teile 80 x 70 cm

Die Tasche wird aus zwei Teilen gefertigt, der Innentasche aus rotem Wollstoff und der Außentasche aus gestepptem Baumwollstoff.

Beginne mit der Innentasche, sie ist schnell genäht: Lege die beiden Teile aus C rechts auf rechts auf einander und nähe sie links, rechts und unten zusammen. Nähe für eine Bodentiefe von ca. 12 cm die beiden unteren Ecken wie folgt ab. Lege die Bodennaht auf die Seitennaht und messe von der Spitze 5 cm, zeichne hier eine Querlinie zur Naht und steppe entlang der Markierung. Schneide nun die abgenähte Stoffspitze 1 cm hinter der Naht ab.

Für die Außentasche wird A auf D + E gesteppt: Lege jeweils einen Teil A und E links auf links, dazwischen die Vliesschicht D1. Steppe dann alle drei Lagen durch, Steppmuster siehe Skizze. Nach dem Steppen schneide alle drei Lagen gerade auf ca. 72 x 68 cm zurecht. Lege die beiden gesteppten Teile rechts auf rechts auf einander und nähe sie links, rechts und unten zusammen. Nähe auch hier für den Boden die beiden unteren Ecken ab, wie für die Innentasche beschrieben, allerdings mit 6 cm Abstand zur Spitze. Wende das Stück.

Schiebe jetzt die Innen- in die Außentasche und schneide eventuell überstehende Ränder oben zurück. Fasse den oberen Rand dann mit einem Randbinding aus B2 rundum ein.

Für die Griffe lege die beiden Streifen B1 jeweils an der langen Kante rechts auf rechts und nähe dann die drei offenen Seiten zu. Lasse dabei an der langen Seite eine größere Wendeöffnung. Wende die Griffe, schiebe je einen Streifen D2 hinein und schließe die Wendeöffnung. Zum Fixieren des Volumenvlieses steppe den Griff noch einmal mittig längs durch. Nähe zum Schluss die beiden Griffe außen auf die Tasche. Setze eine Naht direkt unter das Binding und eine zweite ca. 7 cm darunter, siehe Fotos. *Tipp: verwende für die Unterspule ein Nähgarn in der Farbe des Taschenfutters und für den Oberfaden ein helles Garn.*

Kissen »Winter-Hexies«

Größe 50 x 60 cm (Stickereigrößen ca. 8 x 8 cm, max. 36 x 38 Kreuze)

MATERIAL

- Stickmuster einzelnes Schneeflöckchen, Seite 111 & 5 einzelne Schneeflöckchen, Seite 117
- EPP-Schablone Hexagon Nr. 2, Seite 118
- 0,20 m Zählleinen natur/ungebleicht (A)
- 0,30 m BW-Stoff ›Wintertag‹ (B)
- 0,60 m BW-Stoff ›Flockentanz‹ (C)
- 0,20 m BW-Stoff ›Streifen‹ anthrazit-weiß (D)
- 0,20 m BW-Stoff ›Mini Tupfen‹ weiß-rot (E)
- 0,60 m Teddy-Plüsch steingrau (F)
- 0,20 m Volumenvlies zum Aufbügeln (G)
- Papier (H) für EPP-Hexagonschablonen
- Stickgarne
- Reißverschluss 50 cm

ZUSCHNITT *inkl. Nahtzugabe. Die Stoffmengen für Hexies aus B – E sind für fortlaufendes Zuschneiden angegeben, nicht für gezieltes Herausschneiden einzelner Motive.*

A: 6 Teile 20 x 20 cm
G: 6x Schablone Nr. 2 (ohne Nahtzugabe ausschneiden!)
B: 13x Schablone Nr. 2
C: 10x Schablone Nr. 2, 46 x 56 cm (C2)
D: 10x Schablone Nr. 2 (Streifen in Querrichtung)
E: 9x Schablone Nr. 2
F: 52 x 62 cm (F1), 2 Streifen 5 x 62 cm (F2), 2 Streifen 46 x 5 cm (F3)
H: 42x Schablone Nr. 2 (ohne Nahtzugabe ausschneiden!)

Sticke die sechs Schneeflöckchen jeweils mittig auf ein Teil A. Übertrage die Hexagon-Schablone auf die Rückseite der Stickerei, so dass das Motiv mittig positioniert ist. Schneide die Leinen-Hexagone aus und versäubere sie rundum. Lege dann ein Hexagon G mittig auf die Rückseite eines Leinen-Hexagons, falte die Nahtzugabe um die Vliesform nach hinten um und klebe den Rand dort fest, siehe EPP-Grundkurs Seite 12-14. Bereite aus den Stoffen B - E auf die gleiche Art Hexies vor, verwende hierfür die ausgeschnittenen Papierschablonen H. Nähe die Hexies dann gemäß Skizze zusammen, zuerst je 6 Hexies in Spalten untereinander, dann die fertigen Spalten zu einem Ganzen. Entferne die Papierformen, die Vliesformen verbleiben hinter den Leinenhexies. Schneide die Hexagon-Platte auf 46 x 56 cm zurecht, siehe rote Linie auf der Skizze. Lege die Hexagon-Platte links auf links auf C2 und versäubere beide Teile zusammen rundum. Nähe die Streifen F3 links und rechts an die Hexagon-Platte, oben und unten die Streifen F2. Nähe an der Unterkante zwischen Vorder- und Rückseite (F1) den Reißverschluss ein, lege beide Seiten rechts auf rechts aufeinander und nähe sie rundum zusammen.

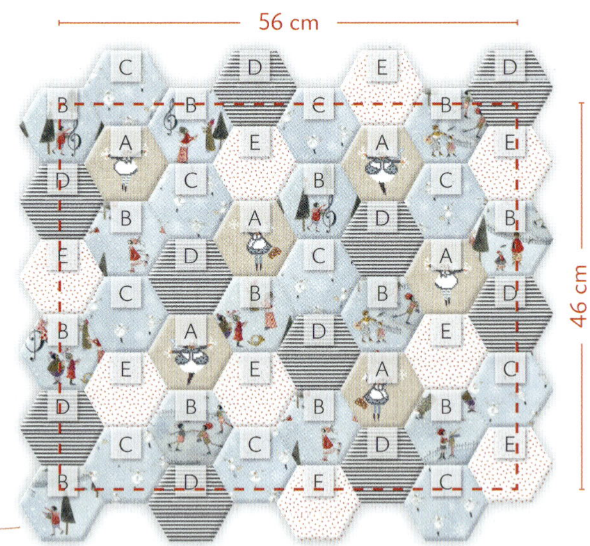

Für diesen Kissen-Traum ist die Vorderseite von Hand gestickt und genäht, wunderschön!

Weihnachtsfabelwald

Bei einem Spaziergang durch den vorweihnachtlichen Wald entstehen in unseren Gedanken Bilder von Waldbewohnern und Fabelwesen, die beschützt von ihren Freunden, den Bäumen, eifrig mit den Vorbereitungen für das Weihnachtsfest beschäftigt sind. Hängen wir doch Zuhause schon mal einen Stern ins Fenster, als Wegweiser für die lieben Gesellen!

Lebhaft wie im Weihnachtsfabelwald geht es auf Patchwork-Kissen und -Decke zu, alle Teile finden ihren Platz unter den Augen der Waldbewohner, die alles ganz genau beobachten.

Patchwork-Kissen »Weihnachtsfabelwald«

Größe 60 x 60 cm | Stickereigröße ca. 9 x 8 cm (51 x 46 Kreuze)

MATERIAL

- Stickmotiv aus Muster ›Weihnachtsfest‹, Seite 108-109
- 0,20 m Zählleinen Mini-Tupfen natur-weiß (A)
- 0,70 m BW-Stoff ›Weihnachtsfabelwald‹ (B)
- 0,20 m BW-Stoff ›Emma‹ Thymian (C)
- 0,20 m BW-Stoff ›Emma‹ Kiesel (D)
- 0,20 m BW-Stoff ›Streifen‹ anthrazit-weiß (E)
- 0,20 m BW-Stoff ›Tupfen‹ hellgrau-weiß (F)
- 0,20 m BW-Stoff ›Mini Tupfen‹ weiß-rot (G)
- 0,70 m bauschiges Volumenvlies (H)
- 0,70 m Strickstoff ›Bouclé Maxi‹ creme (I)
- Stickgarne
- Reißverschluss 50 cm

ZUSCHNITT *inkl. Nahtzugabe. Die Stoffmengen für Quadrate aus B – G sind für fortlaufendes Zuschneiden angegeben, nicht für gezieltes Herausschneiden einzelner Motive.*

A: 20 x 20 cm
B: 62 x 62 cm (B1), 8 Quadrate 14 x 14 cm (B2)
C: 3 Quadrate 14 x 14 cm
D: 3 Quadrate 14 x 14 cm
E: 2 Quadrate 14 x 14 cm
F: 4 Quadrate 14 x 14 cm
G: 5 Quadrate 14 x 14 cm
H: 70 x 70 cm
I: 63 x 62 cm

Fertige die Stickerei mittig auf A und bereite sie zur Weiterverarbeitung vor, wie auf Seite 102 beschrieben. Schneide sie zuletzt auf 14 x 14 cm zu, lege sie links auf links auf ein Quadrat G und versäubere beide Teile zusammen rundum. Nähe dann alle Quadrate nach der Schemazeichnung unten in Patchwork zusammen.

Lege die Vorderseite dann links auf links auf H, beides zusammen dann links auf links auf B1. Steppe alle Patchworknähte im Nahtschatten durch alle drei Stofflagen ab und schneide sie auf 62 x 62 cm zurecht. An der langen Unterkante zwischen Vorder- und Rückseite I wird der Reißverschluss eingenäht, lege dann beide Seiten rechts auf rechts und nähe sie rundum zusammen.

Kissen »Weihnachtsvorbereitungen«

Größe 40 x 40 cm | Stickereigröße ca. 14 x 8 cm (85 x 50 Kreuze)

MATERIAL
- Stickmotiv aus Muster ›Weihnachtsfest‹, Seite 104-105
- 0,45 m Zählleinen Mini-Tupfen natur-weiß (A)
- 0,45 m BW-Stoff ›Emma‹ Thymian (B)
- 0,50 m BW-Webstoff ›Fischgrät‹ grün (C)
- 0,50 m Paspel 10 mm weiß
- Stickgarne
- Reißverschluss 30 cm

ZUSCHNITT *inkl. Nahtzugabe*
A: 45 x 30 cm
B: 42 x 27 cm (B1), 42 x 17 cm (B2)
C: 33 x 42 cm (C1), 13 x 42 cm (C2)

Fertige die Stickerei mittig auf A und bereite sie zur Weiterverarbeitung vor, wie auf Seite 102 beschrieben. Schneide sie zuletzt auf 42 x 27 cm zu, lege sie links auf links auf B1 und versäubere beide Teile zusammen rundum. Nähe dann B2 rechts an die Stickerei und fasse dabei die Paspel in die Naht ein.
Für die Rückseite wird der Reißverschluss an der langen Kante zwischen die beiden Teile C genäht, lege dann Vorder- und Rückseite rechts auf rechts und nähe sie rundum zusammen.

Quadratische Patchwork-Decke »Weihnachtsfabelwald«

Größe 140 x 140 cm

»Patchwork-Decken findest Du in diesem Buch an verschiedenen Stellen, mit dem Blick auf unsere Weihnachtsfabelwald-Decke möchte ich einige meiner Gedanken zu diesen besonderen Begleitern mit Dir teilen. Das Besondere an Patchwork ist für mich ganz grundsätzlich, dass auch die kleinen, von anderen Projekten übriggebliebenen Stoffstücke einen Platz finden, und zwar nicht im Stofflager, sondern in einem bald sehr geliebten Unikat, z. B. in einer Patchwork-Decke wie dieser. Das Schöne an einer Decke ist das umarmende, wärmende und schützende Gefühl, das sie herbeizaubert.

Jede meiner Decken trägt diese beiden Aspekte in sich, ich nähe sie in Gedanken immer mit hinein. Während ich Stoffe aussuche, sie immer wieder hin und her lege, bis alles zu einem harmonischen Gesamtbild zusammenfindet, denke ich auch daran, dass dieses Unikat bald einem lieben Menschen eine Umarmung geben, Freude bereiten soll. Und ja, damit ist ausgesprochen, dass ich meine Patchwork-Decken meistens mit dem Gedanken fertige, dass ich sie an jemand anderen geben werde. Natürlich ist es auch richtig, dass Du Dir selbst einmal so eine Decke schenkst, aber ist es nicht auch ein wunderschöner Gedanke, einen besonderen, lieben Menschen mit etwas zu beschenken, das Du selbst angefertigt hast, das einmalig ist und voller liebevoller Gedanken? Ich denke, ja!«

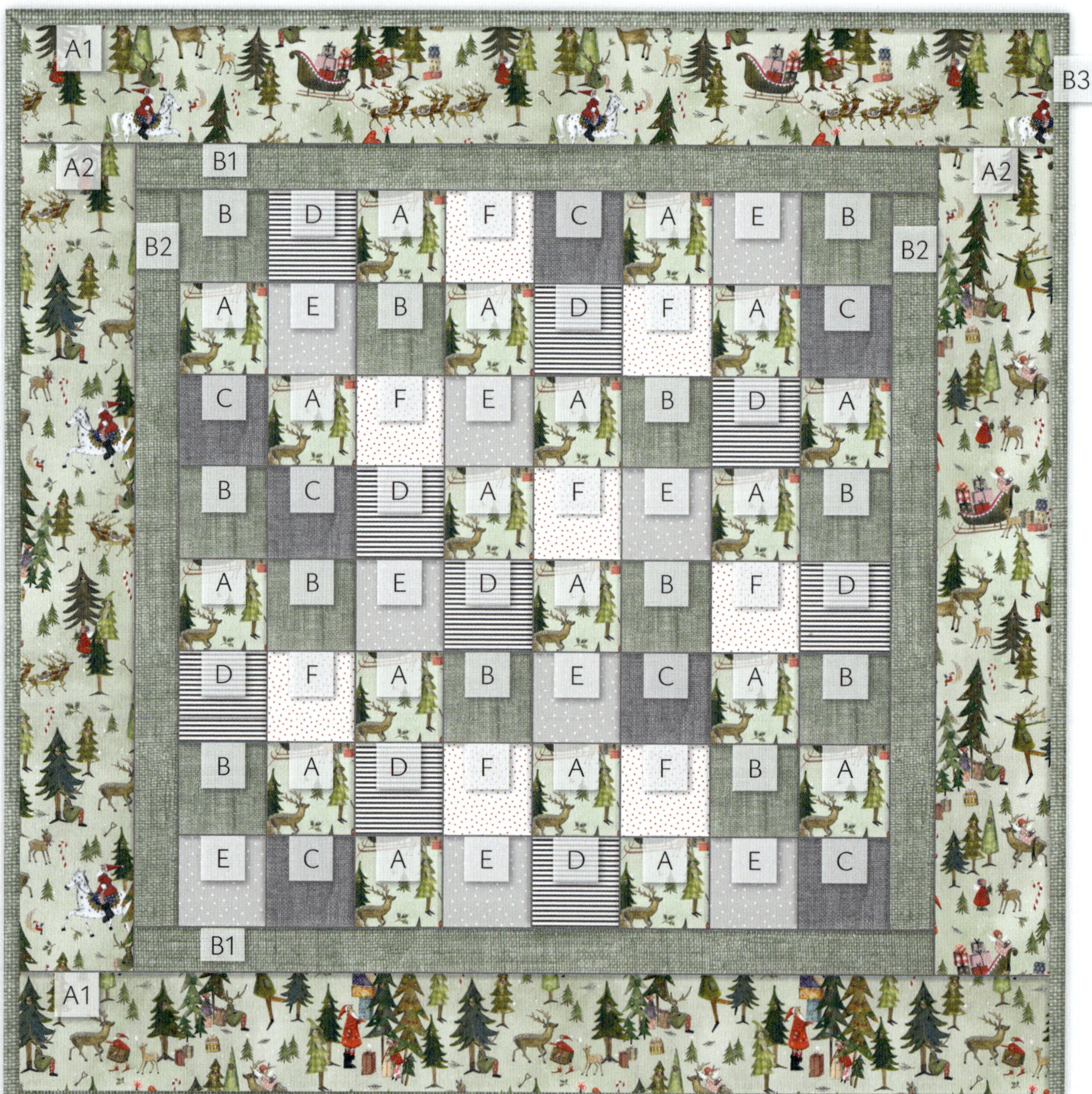
A1
B3
A2
B1
A2
B2
B2
B D A F C A E B
A E B A D F A C
C A F E A B D A
B C D A F E A B
A B E D A B F D
D F A B E C A B
B A D F A F B A
E C A E D A E C
B1
A1

MATERIAL

- 1,80 m BW-Stoff ›Weihnachtsfabelwald‹ (A)
- 1,50 m BW-Stoff ›Emma‹ Thymian (B)
- 0,20 m BW-Stoff ›Emma‹ Kiesel (C)
- 0,20 m BW-Stoff ›Streifen‹ anthrazit-weiß (D)
- 0,20 m BW-Stoff ›Tupfen‹ hellgrau-weiß (E)
- 0,20 m BW-Stoff ›Mini‹ Tupfen weiß-rot (F)
- 1,50 m bauschiges Volumenvlies (G)
- 1,50 m Strickstoff ›Bouclé Maxi‹ creme (H)

ZUSCHNITT *inkl. Nahtzugabe. Die Stoffmengen für Quadrate aus A – F sind für fortlaufendes Zuschneiden angegeben, nicht für gezieltes Herausschneiden einzelner Motive.*

A: (in dieser Reihenfolgen zuschneiden:)
2 Teile 18 x 145 cm (A1), 2 Teile 108 x 18 cm (A2),
19 Quadrate 14 x 14 cm

B: (in dieser Reihenfolge zuschneiden:)
2 Teile 7 x 108 cm (B1), 2 Teile 98 x 7 cm (B2),
5 Streifen 5 x 145 cm (B3 Randbinding),
12 Quadrate 14 x 14 cm

C: 7 Quadrate 14 x 14 cm
D: 9 Quadrate 14 x 14 cm
E: 9 Quadrate 14 x 14 cm
F: 8 Quadrate 14 x 14 cm
G: 150 x 150 cm
H: 145 x 145 cm

Nähe die Zuschnitte entsprechend der Schemazeichnung zusammen. Arbeite dabei von innen nach außen, beginne also mit den Quadraten für das Mittelteil.

Nähe an das fertige Mittelteil zuerst B2 und dann B1. Fahre mit A2 und anschließend A1 fort.

Lege die Vorderseite zuerst auf G und reihe die beiden Teile zusammen. Lege dann beides links auf links auf H und reihe noch einmal. Steppe dann alle Patchworknähte im Nahtschatten durch alle drei Stofflagen ab. Schneide das gesteppte Teil auf 1,40 x 1,40 m zurecht und fasse es zuletzt mit dem Randbinding B3 ein.

Kleiner Tischläufer »Weihnachtsfabelwald«

Größe 36 x 60 cm | Stickereigröße ca. 9 x 8 cm (51 x 46 Kreuze)

MATERIAL

- Stickmotiv aus Muster ›Weihnachtsfest‹, Seite 108-109
- je 0,20 m Zählleinen ›Mini-Tupfen‹ natur-weiß (A) und BW-Stoffe ›Weihnachtsfabelwald‹ (B), ›Emma‹ Thymian (C), ›Emma‹ Kiesel (D), ›Streifen‹ anthrazit-weiß (E), ›Tupfen‹ hellgrau-weiß (F), ›Mini Tupfen‹ weiß-rot (G)
- 0,40 m bauschiges Volumenvlies (H)
- 0,40 m Strickstoff ›Bouclé Maxi‹ creme (I)
- Stickgarne

ZUSCHNITT *inkl. Nahtzugabe. Die Stoffmengen für Quadrate aus B – G sind für fortlaufendes Zuschneiden angegeben, nicht für gezieltes Herausschneiden einzelner Motive.*

A: 20 x 20 cm
B: 5 Quadrate 14 x 14 cm
C: 2 Quadrate 14 x 14 cm, 2 Streifen 5 x 100 cm für das Randbinding
D: 2 Quadrate 14 x 14 cm
E: 1 Quadrat 14 x 14 cm
F: 2 Quadrate 14 x 14 cm
G: 3 Quadrate 14 x 14 cm
H: 40 x 70 cm
I: 40 x 70 cm

Fertige die Stickerei wie in der Anleitung für das Patchwork-Kissen (Seite 41) beschrieben, nähe alle Quadrate entsprechend der Schemazeichnung unten zusammen. Lege die Vorderseite links auf links auf H, beides zusammen dann auf I, reihe alle drei Lagen zusammen. Steppe alle Patchworknähte im Nahtschatten durch alle drei Stofflagen ab. Schneide den Läufer auf 36 x 60 cm zu. Fasse ihn zuletzt mit einem Randbinding aus den beiden Streifen C ein, wie im Nählexikon auf Seite 120 beschrieben.

Schild & Untersetzer »Drei Tannen«

Größe Schild 35 x 20 cm & Untersetzer 20 x 28 cm

Stickereigröße ca. 9 x 8 cm (51 x 46 Kreuze)
Stickmotiv aus Muster ›Weihnachtsfest‹, Seite 108-109

SCHILD ZUM HÄNGEN

MATERIAL

- 0,20 m Zählleinen ›Mini-Tupfen‹ natur-weiß (A)
- 0,40 m BW-Stoff ›Emma‹ Thymian (B)
- 0,30 m BW-Stoff ›Weihnachtsfabelwald‹ (C)
- 0,35 m bauschiges Volumenvlies (D)
- 0,50 m Satinband doppelseitig creme
- Stickgarne

ZUSCHNITT *inkl. Nahtzugabe*

A: 20 x 25 cm
B: 35 x 20 cm (B1), 4 x 20 cm (B2), 5 x 140 cm (B3) für Randbinding
C: 20 x 20 cm
D: 35 x 20 cm

UNTERSETZER

MATERIAL

- 0,25 m Zählleinen ›Mini-Tupfen‹ natur-weiß (A)
- 0,25 m BW-Stoff ›Emma‹ Thymian (B)
- 0,10 m BW-Stoff ›Tupfen‹ olivgrün-weiß (C)
- 0,25 m bauschiges Volumenvlies (D)
- Stickgarne

ZUSCHNITT *inkl. Nahtzugabe*

A: 25 x 25 cm
B: 20 x 10 cm (B1), 20 x 28 cm (B2), 20 x 20 cm (B3)
C: 5 x 140 cm
D: 20 x 28 cm

»Für uns Stickerinnen sind die beiden kleinen Projekte ›Schild & Untersetzer‹ entstanden. Mein Ziel ist es, den Fokus auf die Kreuzstich-Stickerei zu richten, die dann mit möglichst geringem Nähaufwand zu Dekorationen und natürlich Geschenken verarbeitet werden. Die Stoffe an die Stickereien zu nähen kannst Du bei dieser Größe auch von Hand erledigen. Und ein Randbinding wird ja sowieso auf der Rückseite immer von Hand angenäht, hier dann einfach auch auf der Vorderseite. Zwei schöne Projekte zum Handarbeiten im wahrsten Sinne des Wortes!«

Fertige für beide Varianten die Stickerei mittig auf A und bereite sie zur Weiterverarbeitung vor wie auf Seite 102 beschrieben.

SCHILD ZUM HÄNGEN

Schneide die fertige Stickerei auf 16 x 20 cm zu. Nähe B2 an den unteren Rand von A, C dann unten an B2. Lege die Vorderseite auf D, beides zusammen links auf links auf B1. Schneide alle drei Lagen auf 35 x 20 cm zurecht und fasse sie rundum mit dem Randbinding B3 ein. Dabei oben auf der Rückseite das Satinband zum Aufhängen einfassen.

UNTERSETZER

Schneide die fertige Stickerei auf 20 x 20 cm zu, lege sie links auf links auf B3 und versäubere beide Teile zusammen rundum. Nähe B1 links an die Stickerei. Lege die Vorderseite links auf links auf D, beides zusammen dann links auf links auf B2, zuletzt mit dem Randbinding aus C einfassen.

Sternhänger »Himmelsboten«

Größe 38 x 32 cm

»Weil es für mich die schönste Dekoration für die Weihnachts- und Winterzeit ist, habe ich mir auch für dieses Buch einen Sternenhimmel gewünscht! Und wie bei den Decken, deren Vorderseiten einfach nur aus einem Stück Motivstoff bestehen, sind dann auch die Himmelsboten in diesem Buch entstanden: die Vorderseite aus einem der Motivstoffe, der ganz für sich alleine mit allen Details strahlen darf, eine Rückseite aus einem flauschigen Material wie Teddyplüsch oder gekochter Wolle, leicht mit Watte gefüllt und ein genähtes Band zum Aufhängen!«

MATERIAL

- Schablone Raute Nr. 4, Seite 118
- 0,50 m BW-Motivstoff für die Vorderseite (A)
- 0,10 m BW-Motivstoff für das Band zum Aufhängen (B)
- 0,50 m Teddy-Plüsch oder gekochte Wolle (C)
- 0,50 m Volumenvlies (D)
- 200 g Füllwatte

ZUSCHNITT *inkl. Nahtzugabe*

A: 2 Teile 50 x 50 cm (A1) & (A2)
B: 10 x 140 cm
C: 2 Teile 25 x 50 cm
D: 50 x 50 cm

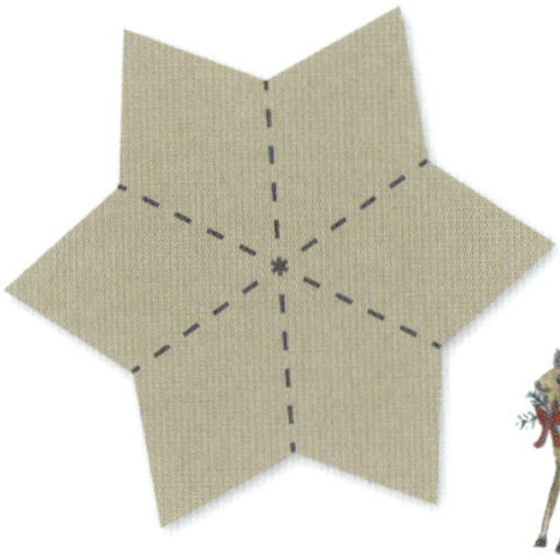

Übertrage mit Hilfe der Rautenschablone auf die Rückseite von A1 einen Stern, male dafür die Raute 6 mal nebeneinander im Kreis auf *(siehe Skizze)*. Schneide den so entstandenen Stern entlang der äußeren Umrisslinie zuzüglich 1 cm Nahtzugabe aus.
Lege den Stern links auf links auf D und beide Lagen zusammen dann links auf links auf A2. Steppe alle drei Lagen auf der Vorderseite diagonal von Ecke zu Ecke durch *(siehe Fotos)*.
Nähe die beiden Teile C an einer langen Seiten zusammen, lasse dabei in der Mitte eine ca. 15 cm breite Wendeöffnung. Lege den Streifen B an der langen Seite rechts auf rechts, nähe ihn zusammen und wende ihn.
Lege die Vorderseite rechts auf rechts auf die Rückseite C und nähe entlang der Sternform beide Seiten rundum zusammen. Fasse dabei in der oberen Zacke die beiden kurzen Seiten des Bandes zum Aufhängen mit ein. Das Band liegt innen zwischen Vorder- und Rückseite. Schneide die Nahtzugabe in den Ecken ein und in den Spitzen bis kurz vor die Naht vorsichtig ab. Wende den Stern vorsichtig, forme die Spitzen aus und fülle den Stern mit Watte. Schließe zuletzt die Wendeöffnung auf der Rückseite von Hand.

Kissen »Himmelsboten«

Größe 50 x 50 cm

MATERIAL
- Schablone Raute Nr. 4, Seite 118
- 0,50 m BW-Motivstoff (A)
- 0,50 m Volumenvlies (B)
- 1,30 m Teddy-Plüsch wollweiß (C)

ZUSCHNITT *inkl. Nahtzugabe*
A: 50 x 50 cm (A1), 2 Teile 25 x 50 cm (A2)
B: 50 x 50 cm
C: 1,30 x 0,52 m
Tipp: Bei einem Zuschnitt von 1,30 x 0,50 m (also ohne Nahtzugabe in der Breite) reicht die angegebene Menge Teddyplüsch für drei Kissenhüllen. Mit luftigen Federfüllungen wirken die Kissen dann schön propper.

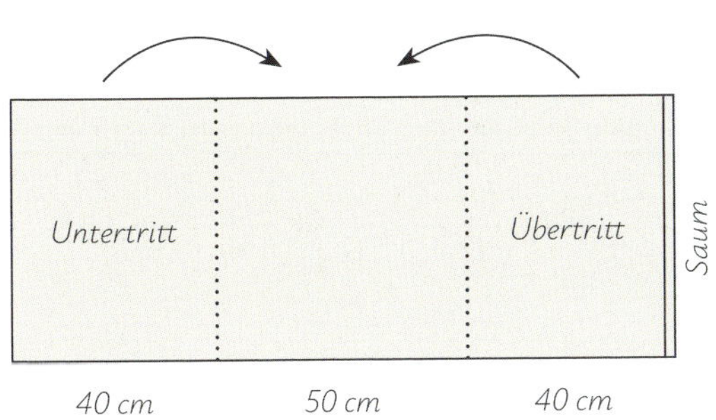

Fertige zuerst einen Stern zum Applizieren auf die Kissenvorderseite: Übertrage mit Hilfe der Rautenschablone auf die Rückseite von A1 einen Stern, male dafür die Raute 6 mal nebeneinander im Kreis auf *(siehe Skizze nächste Seite)*. Schneide den so entstandenen Stern entlang der äußeren Umrisslinie zuzüglich 1 cm Nahtzugabe aus. Reihe diesen Stern auf B und steppe beide Lagen auf der Vorderseite diagonal von Ecke zu Ecke durch *(siehe Fotos)*. Nähe die beiden Teile A2 an der langen Seite zusammen und lasse dabei eine große Wendeöffnung in der Mitte. Lege dann die auf das Vlies gesteppte Vorderseite rechts auf rechts auf die Rückseite und nähe den Stern rundum zusammen. Schneide die Nahtzugabe in den Ecken ein und in den Spitzen bis kurz vor die Naht vorsichtig etwas ab. Wende den Stern vorsichtig und forme die Spitzen aus.
Der Kissenbezug wird aus nur einem Stück Stoff und Hotelverschluss genäht und ist daher besonders schnell genäht. Versäubere dafür die langen und eine kurze Seite mit einem engen Zickzackstich, nähe die andere kurze Seite mit einem schmalen Saum um. Markiere die Abschnitte für Vorderseite, Unter und Übertritt wie auf der Skizze zu sehen. Appliziere den vorbereiteten Stern im Bereich der Vorderseite, nähe ihn entlang der Zacken auf den Teddyplüsch. Wir haben ihn etwas nach rechts oben verschoben aufgenäht, aber auch mittig platziert sieht er sehr schön aus. Lege den Kissenstreifen mit der rechten Seite nach oben quer vor Dich und schlage zuerst die rechte kurze Seite für den Übertritt, dann die linke kurze Seite für den Untertritt an den Markierungen rechts auf rechts nach innen. Nähe die offenen Seiten links und rechts zu und wende das Kissen.

Spielzeugladen

Nach einem aufregenden Bummel durch den Spielzeugladen, der die sehnlichsten Wünsche geweckt hat, müssen sich alle erst einmal ausruhen, am besten mit kuscheligen Decken und Kissen! Wenn diese Wohlfühl-Dinge dann auch noch aus dem fröhlich-verzauberten Stoff ›Spielzeugladen‹ gemacht sind, werden alle Wünsche ganz bestimmt mit in die Träume genommen.

Decke »Spielzeugladen«

Größe 100 x 140 cm

MATERIAL
- 1,20 m BW-Stoff ›Spielzeugladen‹ (A)
- 1,20 m Teddy-Plüsch wollweiß (B)
- 1,20 m bauschiges Volumenvlies zum Einnähen (C)
- 0,30 m BW-Stoff ›Streifen‹ anthrazit-weiß (D)

ZUSCHNITT *inkl. Nahtzugabe*
D: 4 Streifen 5 x 140 cm

Diese Decke wird gefertigt wie die Decke Wintersport auf Seite 69, orientiere Dich an der dort gegebenen Anleitung. Lediglich die Steppung ist hier anders, diese Decke wird in 20 x 20 cm großen Quadraten durchgesteppt.

Rundes Kissen

Größe 50 cm ⌀

MATERIAL
- 0,60 m BW-Stoff ›Spielzeugladen‹ (A)
- 0,70 m Teddy-Plüsch wollweiß (B)
- 0,60 m bauschiges Volumenvlies zum Einnähen (C)
- 0,10 m BW-Stoff ›Streifen‹ anthrazit-weiß (D)
- Reißverschluss 40 cm
- Runde Kissenfüllung 50 cm ⌀

ZUSCHNITT *inkl. Nahtzugabe*
A: 2 Teile 55 x 55 cm (A1 und A2)
B: 2 Teile 30 x 55 cm
C: 55 x 55 cm
D: 5 x 140 cm

Lege die Kissenfüllung auf die linke Seite von A1 und A2, zeichne sie rundrum nach und schneide den Kreis aus. Lege A1 auf C, beides zusammen dann links auf links auf A2 und reihe alles. Steppe alle drei Lagen in ca. 10 x 10 cm großen Quadraten durch und begradige die Kanten der fertigen Vorderseite in Kreisform.
Nähe für die Rückseite zwischen die langen Seiten der beiden Teile B den Reißverschluss ein. Lege Vorder- und Rückseite links auf links aufeinander und nähe sie rundum zusammen. Fasse zuletzt das Kissen mit einem Randbinding aus D ein, wie im Nählexikon auf Seite 120 beschrieben.

Kissen »Geschenke für dich«

Größe 40 x 40 cm | Stickereigröße 11 x 7 cm (69 x 49 Kreuze)

MATERIAL
- Stickmotiv aus Muster ›Weihnachtsfest‹, Seite 104
- 0,30 m Zählleinen grau (A)
- 0,50 m BW-Stoff ›Tupfen‹ taupe-weiß (B)
- 0,50 m Teddy-Plüsch wollweiß (C)
- Stickgarne
- Reißverschluss 30 cm

ZUSCHNITT *inkl. Nahtzugabe*

A: 30 x 30 cm
B: 2x 26 x 10 cm (B1), 10 x 42 cm (B2), 11 x 42 cm (B3), 26 x 26 cm (B4)
C: 43 x 42 cm

Das Kissen wird gefertigt wie das Kissen Wintersport mit Stickerei auf Seite 70.
Sticke das Motiv mittig auf A, bereite die fertige Stickerei zur Weiterverarbeitung vor wie auf Seite 102 beschrieben und schneide sie zuletzt auf 26 x 26 cm zu. Lege A links auf links auf B4 und versäubere beide Teile zusammen rundum. Nähe B1 links und rechts, danach B2 oben und B3 unten an A. Nähe den Reißverschluss an die Unterkante zwischen Vorder- und Rückseite C, lege Vorder- und Rückseite dann rechts auf rechts aufeinander und nähe sie rundum zusammen.

Kissenpaar »Spielzeugladen«

Größe Kissen mit Pferdchen und Schleife 30 x 50 cm & Kissen mit Passe 50 x 50 cm

KISSEN MIT PFERDCHEN & SCHLEIFE

MATERIAL

- Stickmotiv aus Muster ›Weihnachtsfest‹, Seiten 109-110 (Stickereigröße ca. 13 x 12 cm & 77 x 68 Kreuze)
- 0,40 m Zählleinen grau (A)
- 0,40 m BW-Stoff ›Spielzeugladen‹ (B)
- 0,40 m BW-Stoff ›Tupfen‹ taupe-weiß (C)
- 0,10 m BW-Stoff ›feine Streifen‹ dunkelrot
- Stickgarne
- Reißverschluss 40 cm

ZUSCHNITT *inkl. Nahtzugabe*

A: 40 x 40 cm
B: 28 x 52 cm (B1), 8 x 52 cm (B2)
C: 32 x 32 cm (C1), 32 x 52 cm (C2)
D: 2 Streifen 6 x 52 cm

KISSEN MIT PASSE

MATERIAL

- 0,60 m BW-Stoff ›Spielzeugladen‹ (A)
- 0,50 m Teddy-Plüsch wollweiß (B)

ZUSCHNITT *inkl. Nahtzugabe*

A: 52 x 52 cm (A1), 24 x 52 cm (A2, Passe)
B: 30 x 52 cm (B1, Übertritt), 40 x 52 cm (B2, Untertritt)

KISSEN MIT PFERDCHEN & SCHLEIFE

Sticke das Motiv mittig auf A, bereite die fertige Stickerei zur Weiterverarbeitung vor wie auf Seite 102 beschrieben und schneide sie zuletzt auf 32 x 32 cm zu. Nähe aus D zwei Bänder: Lege die Streifen jeweils links auf links, nähe sie an der langen und an einer kurzen Seite zusammen und wende sie. Nähe C1 rechts an A, fasse dabei auf halber Höhe ein Band D mit der offenen Seite in die Naht ein. Falte C links auf links auf A, das Band hängt an der rechten Seite aus der Naht heraus. Versäubere A und C an den drei offenen Seiten rundum. Lege die vorbereitete Stickerei an der linken kurzen Seite links auf rechts auf C2, die Vorderseite ist jetzt komplett.
Nähe für die Rückseite zwischen den beiden Teilen B an der langen Kante den Reißverschluss ein, lege Vorder- und Rückseite rechts auf rechts aufeinander. Nähe beide Seiten rundum zusammen, fasse dabei an der rechten kurzen Seite das zweite Band auf halber Höhe in die Naht ein. Wende das Kissen und binde liebevoll eine Schleife aus den beiden Bändern.

KISSEN MIT PASSE

Falte die Passe A2 an der langen Kante links auf links und nähe sie unten an B1. Versäubere eine lange Seite von B2 mit einem engen Zickzackstich. Lege zuerst den Übertritt B1 rechts auf rechts oben auf A1, dann B2 unten. Nähe die beiden offenen Seiten zusammen.

Besondere Geschenksäckchen

Größe 30 x 20 cm (40 x 30 cm)

»Für Geschenke, die mit viel Liebe ausgesucht wurden, braucht es auch eine angemessene Verpackung. Schnell genähte Geschenksäckchen sind da genau richtig, denn sie bereiten über einen längeren Zeitraum allen Beteiligten große Freude. Zuerst natürlich Dir, wenn Du Stoffe auswählst je nach Geschenk und Empfänger, wenn Du das Säckchen fertig in den Händen hältst, das Geschenk hineintust und es liebevoll zubindest, dann wieder, wenn der Empfänger es mit einem Lächeln entgegennimmt und sein Geschenk auspackt. Und dann kommt der zweite Aspekt, den so ein genähtes Geschenksäckchen zusätzlich mit sich bringt: nach dem Auspacken ist es auch für sich ganz alleine noch schön, es können darin z. B. andere Kostbarkeiten aufbewahrt werden, oder es kann dekorativ an eine Türklinke gehängt werden. Aber eines wird garantiert nicht passieren: es wird nicht weggeworfen werden, sondern es bleibt – spätestens nächstes Weihnachten wird es wieder hervorgeholt werden!«

MATERIAL
- 0,40 cm (0,50 cm) BW-Stoff für Außensäckchen (A)
  z. B. BW-Stoff ›Spielzeugladen‹
- 0,40 cm (0,50 cm) BW-Stoff für Innensäckchen und Band (B)
  z. B. BW-Stoff ›Tupfen‹ taupe-weiß

ZUSCHNITT *inkl. Nahtzugabe*
A: 2 Teile 32 x 22 cm (42 x 32 cm)
B: 2 Teile 30 x 20 cm (40 x 30 cm) (B1),
12 x 100 cm (B2)

Lege die beiden Teile A rechts auf rechts aufeinander und nähe die beiden Seiten und die untere Kante zu – das Außensäckchen ist fertig. Verfahre genauso mit den beiden Teilen B1, lasse hier aber an einer Seitennaht eine Wendeöffnung – das Innensäckchen ist fertig. Die Maße für das Innensäckchen aus B sind etwas kleiner, damit es gut in das leicht größere Säckchen passt.
Stülpe beide Säckchen rechts auf rechts ineinander und nähe sie am oberen Rand rundum zusammen. Wende das Säckchen und bringe es in Form. Schließe die Wendeöffnung und steppe den oberen Rand 1 cm breit ab.
Nähe aus B2 das Band zum Zubinden: Lege es an der langen Seite rechts auf rechts, nähe es rundum zusammen, lasse dabei an der langen Seite eine Wendeöffnung. Wende das Band und schließe die Wendeöffnung. Fülle das Säckchen mit etwas Feinem, binde mit dem Band eine Schleife darum und verschenke es an einen lieben Menschen.

Tipp: Diese Grundvariante kann auf vielfältige Art und Weise gestaltet werden. Nähe z. B. für das Außensäckchen verschiedene Stoffstreifen zusammen und bringe den so neu entstandenen Stoff auf die Zuschnittmaße. Für das Innensäckchen eignet sich neben BW-Stoffen z. B. auch Teddy-Plüsch, dadurch bekommen besonders große Säckchen mehr Halt. Und die Stickerinnen können eine kleine bestickte Leinenlasche in die Seitennaht einfassen *(siehe Seite 95)*. Die Säckchen können überhaupt nach Herzenslust geschmückt werden.

Wohlfühlorte für Nikoläuse und Engel

Die Farbe Rot ist, da sind wir uns bestimmt alle einig, die klassische Weihnachtsfarbe, traditionell kombiniert mit der Farbe Grün. Um dieser Kombination etwas Neues hinzuzufügen, kommt hier die Farbe Grau ins Spiel. In verschiedenen Tönen von hell bis dunkel kann sie mit leuchtendem Rot gut mithalten, die Farbe Weiß vermittelt zwischen den beiden. Grün hält sich dafür sehr zurück, aber spätestens bei weihnachtlichen Kränzen geht es natürlich nicht ohne, ganz im Gegenteil: schau' Dir das Kissen »Engelbescherung« an, dort darf Grün in vielen Nuancen fast eine größere Rolle spielen als Rot.
Durch die Farbwahl haben die Modelle aus den Stoffen *Nikolaus*, *Weihnachtsleckerei* und *Winterweihnachtssport* eine moderne Ausstrahlung. Gleichzeitig bleibt sie aber meinem Stil, dem Landhausstil treu, moderner Landhausstil eben. Diese Balance zwischen Traditionellem und Modernem wird durch die Patchwork-Anteile der Modelle unterstützt, ganz traditionell zusammengefügte Stoffquadrate werden gleich als bekannt und geliebt erkannt. So fällt es bestimmt auch Dir leicht, die Aufmerksamkeit auf die Farben zu richten und auch einmal die Kombination rot-weiß-grau auszuprobieren.

Patchwork-Decke »Nikoläuse«

Größe 190 x 120 cm | Stickereigröße 5 x 7 cm (31 x 39 Kreuze)

MATERIAL
- Stickmotive aus Muster ›Weihnachtsfest‹, S. 105 & 110
- Schablone Quadrat Nr. 3, Seite 118
- 0,20 m Zählleinen ›Mini-Tupfen‹ natur-weiß (A)
- 1,50 m BW-Stoff ›Tupfen‹ hellgrau-weiß (B)
- 0,20 m BW-Stoff ›Tupfen‹ rot-weiß (C)
- 0,30 m BW-Stoff ›Mini Tupfen‹ weiß-rot (D)
- 0,20 m BW-Stoff ›Tupfen‹ schiefer-weiß (E)
- 0,50 m BW-Stoff ›feine Streifen‹ dunkelrot (F)
- 0,20 m BW-Stoff ›Streifen‹ anthrazit-weiß (G)
- 0,40 m BW-Stoff ›Nikoläuse‹ (H)
- 0,30 m BW-Stoff ›Weihnachtsleckereien‹ (I)
- 2,00 m Strickstoff ›Bouclé Maxi‹ rot (J)
- 2,00 m bauschiges Volumenvlies zum Einnähen (K)
- Stickgarne

ZUSCHNITT *inkl. Nahtzugabe*
A: 4 Quadrate 20 x 20 cm
B: 35 x 125 cm (B1), 95 x 125 cm (B2)

Die Stoffe C bis H werden wie folgt zugeschnitten: zuerst 12 cm hohe Streifen, dann diese Streifen zu 12 cm breiten Quadraten schneiden.
C: 8 Quadrate 12 x 12 cm | D: 15 Quadrate 12 x 12 cm
E: 11 Quadrate 12 x 12 cm
F: 10 Quadrate 12 x 12 cm, 5x 5 x 140 cm Randbinding
G: 8 Quadrate 12 x 12 cm | H: 21 Quadrate 12 x 12 cm

Der Stoff I »Weihnachtsleckereien« wird mit Hilfe der Quadratschablone Nr. 3 zugeschnitten. Wähle Lieblingsmotive aus und lege die Schablone so auf die rechte Seite des Stoffes, dass dieses Motiv mittig im Quadrat positioniert ist. Zeichne das Quadrat außenherum auf die rechte Seite des Stoffes und schneide es aus. Du erhältst so ein Quadrat von 12 x 12 cm mit mittig platziertem Motiv, das die Nahtzugabe bereits enthält.
I: 11 Quadrate 12 x 12 cm

»Was es zum Thema Patchwork-Decken aus meiner Sicht immer zu sagen gibt, habe ich Dir schon zur Decke Weihnachtsfabelwald auf Seite 37 beschrieben, und es gilt uneingeschränkt auch für diese Decke. Bei dieser Decke kommen zu den harmonischen Stoffen mit zauberhaften Motiven noch handgefertigte Stickereien hinzu. Handgefertigter Kreuzstich streut noch mal einen zusätzlichen Hauch von Glanz und Kostbarkeit über die Decke, die so auf ihre Art einen besonderen Platz in Deinem Zuhause einfordert und dafür viel Freude schenkt. Wenn dann noch die passenden Kissen dazukommen, dann breitet sich vorweihnachtlicher Glanz überall aus!«

Sticke vier Nikoläuse (zwei davon gespiegelt) auf jeweils ein Teil A. Beginne mit dem Motiv in der Breite mittig, ca. 3 cm vom unteren Rand und bereite die fertigen Stickereien zur Weiterverarbeitung vor wie auf Seite 102 beschrieben. Schneide sie jeweils auf 12 x 12 cm zu, lasse dabei unterhalb der Stickerei 1 cm für die Nahtzugabe. Nach dem Nähen steht der Nikolaus dann auf der unteren Kante des Quadrates. Lege jeweils 1 Quadrat A links auf links auf ein Quadrat D und versäubere beide Teile zusammen rundum.
Nähe alle Quadrate nach der Schemazeichnung auf der nächsten Doppelseite in Patchwork zusammen. Nähe anschließend B1 oben und B2 unten an.
Reihe die Vorderseite auf K, dann beides zusammen auf J, damit beim anschließenden Durchsteppen aller drei Lagen nichts verrutschen kann. Steppe die Quadrate im Nahtschatten und die beiden Teile B in 10 cm breiten Längsstreifen ab. Fasse die Decke abschließend mit dem Randbinding aus F ein, siehe Nählexikon Seite 120.

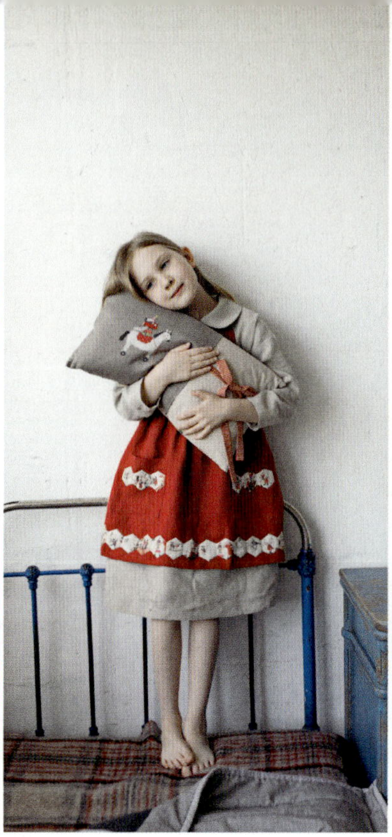

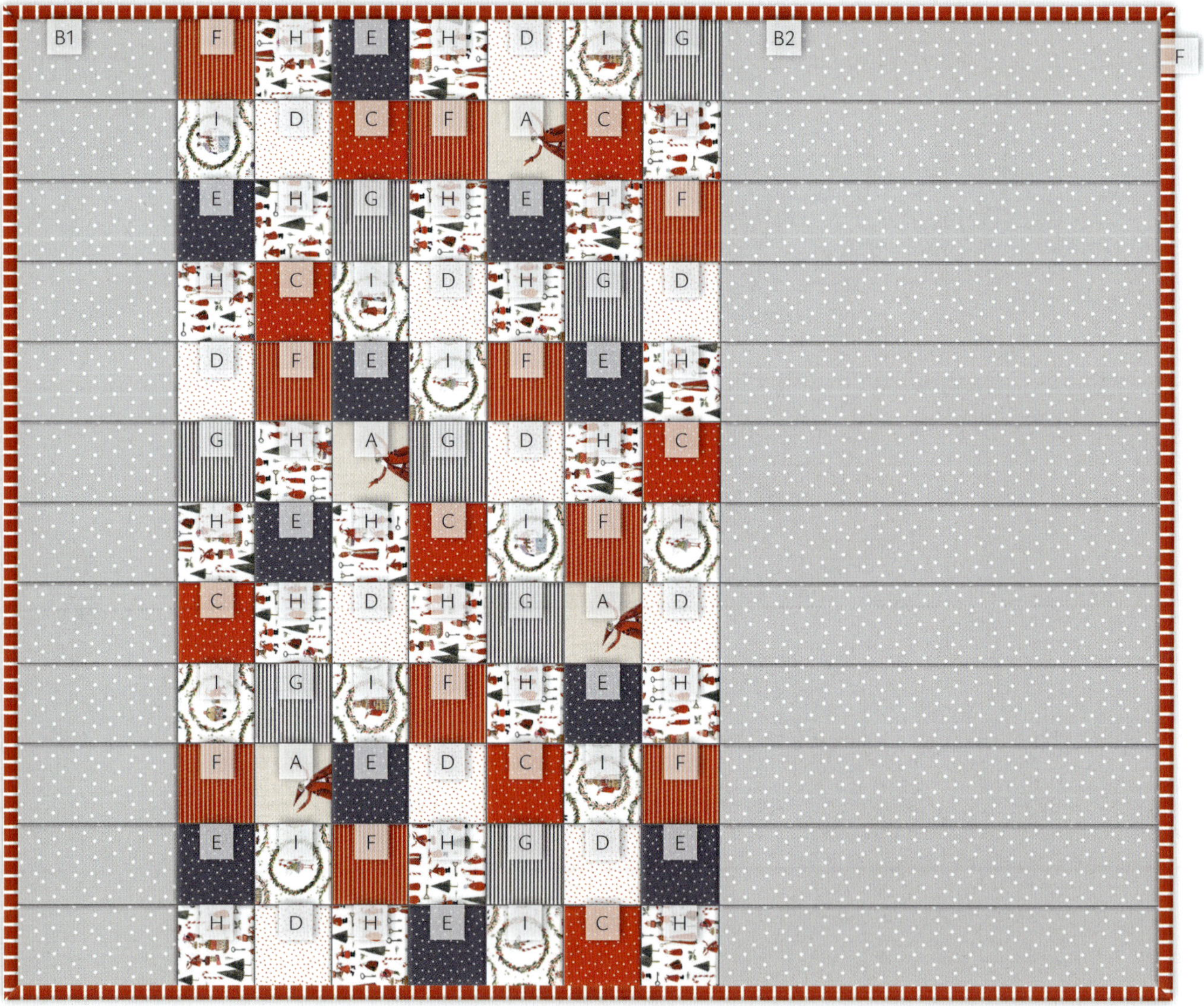
B1
B2
F
F H E H D I G
I D C F A C H
E H G H E H F
H C I D H G D
D F E I F E H
G H A G D H C
H E H C I F I
C H D H G A D
I G I F H E H
F A E D C I F
E I F H G D E
H D H E I C H

Diese traumhaft schöne Patchwork-Decke vereint Stoffe, die mit Liebe und Bedacht an ihren Platz gefügt wurden, zu einem einzigartigen Kunstwerk voller Geborgenheit und Harmonie.

Patchwork-Kissen »Nikoläuse«

Größe 40 x 60 cm | Stickereigröße 5 x 7 cm (31 x 39 Kreuze)

MATERIAL
- Stickmotiv aus Muster ›Weihnachtsfest‹, Seite 110
- Schablone Quadrat Nr. 3, Seite 118
- 0,20 m Zählleinen ›Mini-Tupfen‹ natur-weiß (A)
- 0,20 m BW-Stoff ›Tupfen‹ rot-weiß (B)
- 0,20 m BW-Stoff ›Mini Tupfen‹ weiß-rot (C)
- 0,20 m BW-stoff ›Tupfen‹ schiefer-weiß (D)
- 0,20 m BW-Stoff ›feine Streifen‹ dunkelrot (E)
- 0,20 m BW-Stoff ›Streifen‹ anthrazit-weiß (F)
- 0,20 m BW-Stoff ›Nikoläuse‹ (G)
- 0,50 m BW-Stoff ›Weihnachtsleckereien‹ (H)
- 0,50 m Strickstoff ›Bouclé Maxi‹ rot (I)
- 0,50 m bauschiges Volumenvlies zum Einnähen (J)
- Stickgarne
- Reißverschluss 50 cm

ZUSCHNITT *inkl. Nahtzugabe*

A: 1 Quadrat 20 x 20 cm
B - E: jeweils 3 Quadrate 12 x 12 cm
F: 2 Quadrate 12 x 12 cm | G: 7 Quadrate 12 x 12 cm
H: 3 Quadrate 12 x 12 cm, 45 x 65 cm (H2)
Schneide hier gezielt Lieblingsmotive heraus, siehe dazu die Anleitung zur Decke auf Seite 60
I: 42 x 60 cm
J: 45 x 65 cm

Fertige die Stickerei auf A an wie in der Anleitung für die Decke auf Seite 60 beschrieben. Die Stickerei wird hier mit einem Quadrat G hinterlegt. Nähe dann alle Quadrate nach der Schemazeichnung unten in Patchwork zusammen.

Lege die Vorderseite dann links auf links auf J, beides zusammen dann links auf links auf H2. Reihe alle drei Lagen, steppe die Vorderseite entlang der Nähte der Patchworkseite durch und schneide sie auf 42 x 62 cm zu.
Nähe den Reißverschluss an der langen Unterkante zwischen Vorder- und Rückseite I ein. Lege beide Seiten rechts auf rechts und nähe sie rundum zusammen.

Kissen »Engelbescherung«

Größe 40 x 60 cm | Stickereigröße ca. 23 x 23 cm (140 x 137 Kreuze)

MATERIAL
- Stickmuster ›Großer Kranz‹, Seiten 112-115 & Engelmotiv aus Muster ›Weihnachtsfest‹, Seiten 110-111
- 0,50 m Zählleinen weiß/gebleicht (A)
- 0,50 m Leinenstoff weiß (B)
- 0,50 m Leinenstoff rot (C)
- 0,50 m BW-Stoff ›Weihnachtsleckereien‹ (D)
- Stickgarne
- Reißverschluss 50 cm

ZUSCHNITT *inkl. Nahtzugabe*

A: 50 x 50 cm
B: 42 x 43 cm zum Hinterlegen der Stickerei
C: 42 x 21 cm
D: 33 x 62 cm (D1), 13 x 62 cm (D2)

Sticke den Kranz mittig auf A und den Engel mit Zuckerstange mittig in den Kranz. Bereite die Stickerei wie auf Seite 102 beschrieben zur Weiterverarbeitung vor. Damit die Stickerei im fertigen Kissen harmonisch platziert ist, schneide sie wie folgt auf eine Gesamtgröße von 42 x 43 cm zu: links neben der Stickerei ca. 8 cm Leinen, rechts ca. 12 cm, oben ca. 9 cm, unten ca. 11 cm. Bitte prüfe diese cm-Angaben sorgfältig, falls die Stickerei etwas kleiner oder größer ausfällt als unsere. Wichtig ist die Gesamtgröße!
Lege A auf B und versäubere beide Teile zusammen rundum. Nähe links C an. Nähe für die Rückseite zwischen D1 und D2 den Reißverschluss ein. Lege beide Seiten rechts auf rechts und nähe sie rundum zusammen.

Es ist ein wunderbares Gefühl, an einem liebevoll gedeckten Tisch zu sitzen, wo die Dekoration mit Sorgfalt ausgewählt wurde und eine Atmosphäre von Herzlichkeit herrscht.

Tischläufer »Weihnachtsfest«

Größe: 50 x 170 cm | Stickereigröße ca. 20 x 136 cm (110 x 750 Kreuze)

MATERIAL
- Stickmuster ›Weihnachtsfest‹, Seiten 104-111
- 2,00 m Zählleinen ›Mini-Tupfen‹ natur-weiß (A)
- Stickgarne (je Farbe 1 Döckchen, außer je 2 Stück von 2400, 3114, 3741 und 4 Stück von 3006)

ZUSCHNITT *inkl. Nahtzugabe*
A: 200 x 70 cm

»Der Tischläufer, meisterhaft bestickt, vereint alle Motive des Buches zu einer zauberhaften, weihnachtlichen Landschaft. Der gesamte Tischläufer ist eine harmonische Komposition aus Farben und Motiven, die nahtlos ineinander übergehen und eine festliche, fröhliche Stimmung verbreiten. An einem Tisch mit diesem Läufer lassen sich unendlich viele Geschichten ersinnen und erzählen, für kostbare gemeinsame Stunden, die allen lange in Erinnerung bleiben werden.«

Lege das Leinenstück quer und sticke das Motiv mittig auf. Bereite die Stickerei wie auf Seite 102 beschrieben zur Weiterverarbeitung vor. Verarbeite das bestickte Leinen mit einem breiten Saum und feinen Briefecken *(siehe Nählexikon auf Seite 120)* zur fertigen Größe von ca. 50 cm Höhe und 1,70 m Breite.

Kissen »Skifahrer«

Größe 30 x 50 cm | Stickereigröße ca. 9 x 10 cm (53 x 60 Kreuze)

MATERIAL

- Stickmuster ›Skifahrer‹, Seite 116
- 0,40 m Zählleinen ungebleicht (A)
- 0,40 m Webstoff ›Fischgrät‹ schwarz (B)
- 0,40 m BW-Stoff ›Mini Tupfen‹ weiß-rot (C)
- 0,40 m Paspel 10 mm dunkelgrau
- Stickgarne
- Reißverschluss 40 cm

ZUSCHNITT *inkl. Nahtzugabe*

A: 40 x 40 cm
B: 32 x 22 cm (B1), 25 x 52 cm (B2), 11 x 52 cm (B3)
C: 32 x 32 cm

»Das Kissen, liebevoll bestickt mit einem kleinen Nikolaus, der fröhlich Ski fährt, strahlt Lebensfreude und weihnachtliche Vorfreude aus. Die Stickerei ist mit schwarznaturfarbenem Webstoff vernäht, wobei das leuchtende Rot des Nikolaus als lebendiger Farbklecks hervorsticht und dem Kissen eine gleichermaßen fröhliche wie zurückhaltend elegante Note verleiht.«

Sticke das Motiv mittig auf A, bereite die fertige Stickerei zur Weiterverarbeitung, wie auf Seite 102 beschrieben, vor und schneide sie auf 32 x 32 cm zu. Lege C und die Stickerei links auf links aufeinander und versäubere beide Teile zusammen rundum.
Nähe B1 rechts an A und fasse dabei die Paspel in die Naht ein. Der Reißverschluss wird auf der Rückseite zwischen die beiden Teile B2 und B3 eingenäht. Lege Vorder- und Rückseite rechts auf rechts aufeinander und nähe die offenen Seiten rundum zusammen.

Decke »Wintersport«

Größe 100 x 140 cm

»Manchmal sind Stoffe so schön, dass man sie gar nicht zerschneiden möchte. Sie wirken als Ganzes, am Stück verarbeitet, besonders fein, und größere Teile wie z. B. eine Kuscheldecke bieten ausreichend Platz, einen Stoff besonders in Szene zu setzen. Es eignen sich alle Motive aus der Stoffkollektion, um die sich dieses Buch dreht, hier ist die Wahl auf ›Winterweihnachtssport‹ gefallen.
Das Prinzip dieser Decken ›aus einem Guss‹ ist sehr schnell beschrieben: eine Vorderseite aus einem Stück Stoff, eine Rückseite aus einem Stück Stoff und dazwischen eine Lage Vlies, veredelt mit einem Randbinding. Dazu werden die Stoffe in kompletter Breite verwendet, sodass die Decken ca. 1,40 m breit werden. Eine kleinere Decke wie diese hier ist 1 m lang, eine große könnte z. B. 2 m lang ausfallen. Die Länge kann nach eigenem Wunsch ganz leicht angepasst werden. Eventuell wird dann ein Streifen mehr für das Randbinding benötigt, aber das Prinzip für die Anfertigung bleibt gleich.«

MATERIAL
- 1,20 m BW-Stoff ›Winterweihnachtssport‹ (A)
- 1,20 m Webstoff ›Fischgrät‹ anthrazit (B)
- 1,20 m bauschiges Volumenvlies zum Einnähen (C)
- 0,30 m BW-Stoff ›feine Streifen‹ dunkelrot (D)

ZUSCHNITT *inkl. Nahtzugabe*
D: 4 Streifen 5 x 140 cm

Lege A auf C und reihe beide Teile zusammen. Lege beides auf B und reihe noch einmal alle drei Lagen zusammen. Steppe dann alle drei Lagen längs in 10 cm Abstand durch und schneide das fertig gesteppte Stück auf 100 x 140 cm gerade zurecht. Fasse die Decke mit einem Randbinding aus D ein, wie im Nählexikon auf Seite 120 beschrieben.

Kissenpaar »Wintersport«

Größe je Kissen 40 x 40 cm

KISSEN MIT STICKEREI
Stickereigröße ca. 9 x 10 cm (53 x 60 Kreuze)
MATERIAL

- Stickmotiv aus Muster ›Weihnachtsfest‹, Seite 111
- 0,30 m Zählleinen ungebleicht (A)
- 0,30 m BW-Stoff ›Tupfen‹ rot-weiß (B)
- 0,50 m BW-Webstoff ›Fischgrät‹ anthrazit (C)
- Stickgarne
- Reißverschluss 30 cm

ZUSCHNITT *inkl. Nahtzugabe*
A: 30 x 30 cm
B: 2x 26 x 10 cm (B1), 10 x 42 cm (B2), 11 x 42 cm (B3), 26 x 26 cm (B4)
C: 43 x 42 cm für Rückseite

KISSEN MIT RANDBINDING
MATERIAL

- 0,50 m BW-Webstoff ›Fischgrät‹ anthrazit (A)
- 0,15 m BW-Stoff ›feine Streifen‹ dunkelrot (B)
- Reißverschluss 30 cm

ZUSCHNITT *inkl. Nahtzugabe*
A: 42 x 42 cm (A1) für Vorderseite
33 x 42 cm (A2) & 13 x 42 cm (A3) für Rückseite
B: 2 Streifen 5 x 140 cm

KISSEN MIT STICKEREI
Sticke das Motiv mittig auf A. Bereite die fertige Stickerei zur Weiterverarbeitung, wie auf Seite 102 beschrieben, vor und schneide sie auf 26 x 26 cm zu.
Lege A links auf links auf B4 und versäubere beide Teile zusammen rundum. Nähe B1 links und rechts, danach B2 oben und B3 unten an A. Der Reißverschluss wird an die Unterkante zwischen Vorder- und Rückseite C genäht. Lege dann Vorder- und Rückseite rechts auf rechts aufeinander und nähe sie rundum zusammen.

KISSEN MIT RANDBINDING
Nähe für die Rückseite zwischen die beiden Teile A2 und A3 den Reißverschluss ein. Lege Rück- und Vorderseite A1 links auf links aufeinander, nähe sie rundum zusammen und fasse den Bezug mit einem Randbinding aus B ein, wie im Nählexikon auf Seite 120 beschrieben.

Stickring »Mädchen mit Reh«

Größe 20 cm | Stickereigröße ca. 6 x 9 cm (37 x 54 Kreuze)

MATERIAL

- Stickmotiv aus Muster ›Weihnachtsfest‹, Seiten 107-108
- 0,15 m Zählleinen ›Mini-Tupfen‹ natur-weiß (A)
- 0,15 m BW-Stoff ›feine Streifen‹ dunkelrot (B)
- 0,30 m BW-Stoff ›Emma‹ Thymian (C)
- 0,25 m bauschiges Volumenvlies zum Einnähen (D)
- Stickgarne
- Stickring 21,5 cm

ZUSCHNITT *inkl. Nahtzugabe*

A: 15 x 30 cm
B: 15 x 30 cm
C: 25 x 25 cm (C1), 6 x 100 cm (C2)
D: 25 x 25 cm

Sticke das Motiv in der Breite mittig auf A, beginne ca. 2 cm vom unteren Rand. Nähe dann B unten an A, die Vorderseite ist komplett. Lege auf die Rückseite den Innenteil des Stickringes und übertrage den Kreis auf den Stoff. Verfahre ebenso mit C1, übertrage auch dort den Kreis auf die Rückseite des Stoffes. Schneide beide Kreise mit großzügiger Nahtzugabe (ca. 1,5 cm) aus. Schneide ebenfalls aus D einen Kreis aus, diesen aber ohne Nahtzugabe. Lege dieses Vlies in den Stickrahmen.
Lege Vorder- und Rückseite rechts auf rechts aufeinander und nähe die obere Hälfte des Kreises zusammen, danach wenden. Schiebe den Stickring von unten in den halb zugenähten Kreis. Die andere, untere Hälfte des Kreises wird stramm von Hand zugenäht, beginne dafür unten in der Mitte und arbeite von dort aus jeweils nach rechts und links herum bis zu der Stelle, an der bereits mit der Maschine zusammengenäht wurde. Wenn die Naht rundum geschlossen ist, lege den äußeren Teil des Stickringes darüber, die Schraube zum Festziehen oben in der Mitte über der Stickerei. Ziehe die Schraube vorsichtig an, bis alles fest zusammenhält. Nähe aus C2 ein Band zum Aufhängen, lege den Stoff dazu rechts auf rechts und nähe ihn an der langen und einer kurzen Seite zusammen. Wende das Band und nähe die letzte kurze Seite von Hand zu.

Klein, aber sehr fein ist so ein Stickring verarbeitet zu einer liebevollen Dekoration

Adventskalender aus Stiefelchen

Größe Stiefel ca. 20 x 15 cm

»Wie die Himmelsboten von Seite 46 gehört für mich auch ein Adventskalender zur Weihnachtszeit, am besten natürlich ein handgefertigter, der immerwährend jedes Jahr wieder zum Einsatz kommt. Es können sich so wundervolle Traditionen daraus entwickeln, wenn so ein Kalender z. B. an die nächste Generation weitergegeben wird, aber auch große Kinder freuen sich jedes Jahr wieder über einen liebevoll gefüllten Kalender. In der Regel überrascht der fertig gefüllte Kalender am Morgen des 1. Dezember, heimlich vorbereitet und aufgehängt. Aber vielleicht kann hier auch eine neue Tradition entstehen, wenn die noch leeren Stiefel gemeinsam einen Tag vorher aufgehängt werden und dann heimlich gefüllt am nächsten Morgen für strahlende Augen sorgen? Eine schöne Vorstellung, oder? Unser Vorschlag für einen immer wieder befüllbaren Kalender sind 24 liebevoll gearbeitete Säckchen in Stiefelform. Dieses Projekt ist zugegeben aufwändig, dafür wird er Dich und Deine Lieben aber sehr lange begleiten!«

MATERIAL FÜR 24 STIEFEL

- Stickmuster ›Adventskalender-Zahlen‹, Seite 116
- 5 Stickmotive (siehe nächste Seite) aus Muster ›Weihnachtsfest‹, Seiten 104-111
- Schablone Stiefel, Nr. 6 Seite 118
- 0,20 m Zählleinen weiß/gebleicht (A)
- 0,30 m Zählleinen grau (B)
- 0,30 m Zählleinen ›Mini-Tupfen‹ natur-weiß (C)
- 0,30 m von jedem der 8 BW-Motivstoffe aus dieser Winter-/Weihnachtskollektion (D)
- 1,00 m Strickstoff ›Bouclé Maxi‹ rot (E)
- 0,30 m Strickstoff ›Bouclé Maxi‹ creme (F)
- 0,15 m BW-Stoff ›Tupfen‹ hellgrau-weiß (G)
- 0,15 m BW-Stoff ›Emma‹ Schiefer (H)
- 0,30 m bauschiges Volumenvlies (I)
- 0,30 m dickes Volumenvlies zum Aufbügeln (J)
- 2,00 m Satinband doppelseitig rot

ZUSCHNITT *inkl. Nahtzugabe*

A: 24 Teile 6 x 14 cm
B: 3 Teile 30 x 30 cm
C: 3 Teile 30 x 30 cm
D: von jedem Motivstoff: 25 x 20 cm (D1), den Rest des Stoffstreifens zur Seite legen
E: 3 Streifen 30 x 145 cm
F: 1 Streifen 30 x 145 cm
G: 6 Streifen 5 x 21 cm
H: 10 Streifen 5 x 21 cm
I: 30 x 150 cm
J: 30 x 90 cm

Versäubere zuerst die Teile aus A rundum mit einem engen Zickzackstich, nähe sie dann oben und unten an den langen Seiten jeweils ca. 1 cm um. Markiere die Mitte der Breite, sticke ca. 1 cm daneben beginnend die Zahlen 1 – 24, in der Höhe mittig. Wird die Zahl links von der Mitte gestickt, zeigt die Lasche beim Einnähen später nach rechts, wird sie rechts von der Mitte gestickt, zeigt die Lasche später nach links *(siehe Foto Seite 77)*. Lasse bei den zweistelligen Zahlen 10 – 24 jeweils 1 Kreuz zwischen beiden Ziffern frei.

Übertrage auf die Rückseite der Zuschnitte B und C die Stiefel-Schablone. Sticke dann die fünf kleinen Motive auf die Vorderseiten, positioniere sie im Bereich der Ferse. Schneide den Stiefel erst nach dem Sticken und Waschen aus, wie auf Seite 102 beschrieben. Wenn nicht anders angegeben, werden alle Stiefel zzgl. 1 cm Nahtzugabe ausgeschnitten.

Übertrage die Stiefelschablone 6 mal nach folgendem Schema auf J, schneide sie aus und bügle sie hinter die bestickten Stiefel:

hier verwendete Einzelmotive aus Muster Weihnachtsfest

Übertrage auf die Rückseiten von D1 die Stiefelschablone und schneide sie aus. Auf I den Stiefel 8 mal übertragen, verfahre ebenfalls nach der Schemazeichnung auf der vorherigen Seite, und schneide sie aus. Steppe dann jeweils einen Stiefel aus D1 auf ein Stück aus I, variiere das Muster der Steppung dabei z. B. in Rauten, Streifen, Quadraten oder auch in Kreisen beim Motivstoff Weihnachtsleckereien. Weil die Stücke nicht sehr groß sind, könnte hier nach Belieben auch von Hand gequiltet werden.

Übertrage insgesamt 29 Stiefel auf die Rückseite von E nach der Schemazeichnung auf der vorherigen Seite und schneide sie aus. Jeder Stiefel hat eine Seite aus E, für diese Rückseiten werden 24 Zuschnitte benötigt. 5 Stiefel werden komplett aus E gefertigt (also auch die Vorderseite), dafür den Stiefel 5x gespiegelt auf E übertragen. Schneide 3 Stiefel aus F aus, verfahre wie bei den roten Stiefeln. Aus dem Reststück F schneide 6 Streifen 5 x 21 cm.

Jetzt sind alle Teile für die äußeren Säckchen vorbereitet. Lege die Vorderseiten rechts auf rechts auf die roten Rückseiten. Platziere an der Ferse die Zahlenlasche zwischen den beiden Stofflagen. Stecke alles fest und nähe die Stiefel bis auf die obere Seite zusammen, dabei wird die Lasche mitgefasst. Wende die Stiefel.

Wenn die Stiefelchen z. B. am Treppengeländer aufhängt werden sollten, nähe aus dem Satinband auf der Seite mit der Zahlen-Lasche am oberen Rand des Stiefels eine kleine Schlinge von Hand im roten Boucle-Stoff fest. Die Stiefel können aber auch sehr schön z. B. auf der Fensterbank aufgereiht, auf einem Tablett angeordnet oder auf einer Kommode zusammen mit anderen weihnachtlichen Deko-Stücken dazwischen zu einer Advents-Landschaft arrangiert werden. Auch eine Lichterkette dazwischen gelegt sieht wunderschön aus.

Aus den verbliebenen Reststreifen der BW-Stoffe D werden die inneren Säckchen gefertigt. Übertrage die Stiefel auf die Rückseite der Stoffe. Gehe dabei unbedingt nach dem unten abgebildeten Schema vor. Insgesamt werden 24 Paare benötigt. Schneide diese Stiefel OHNE Nahtzugabe aus. Lege jeweils zwei Stiefel rechts auf rechts aufeinander und nähe sie rundum bis auf die obere Kante zusammen. Schiebe diese etwas kleineren Innenstiefel in die äußeren und forme die Rundungen sorgfältig aus. Schneide oben die beiden Kanten gleich. Lege die Streifen aus F, G und H in sich rechts auf rechts und nähe sie je an den kurzen Seiten zusammen. Fasse nun die bestickten Stiefel mit F, die gesteppten mit G und die restlichen Stiefel mit den Streifen aus H, ein.

Es ist eine wundervolle Freude, im Advent jeden Tag eine kleine Überraschung aus den liebevoll selbst genähten Stiefelchen zu holen und damit die Vorfreude auf Weihnachten zu zelebrieren.

Dreierlei Gemütlichkeit

Größe Hauskissen 65 x 40 cm & Quadratisches Kissen 40 x 40 cm & Bankauflage 100 x 30 x 4 cm

HAUSKISSEN

Stickereigröße 5 x 7 cm (31 x 39 Kreuze)

MATERIAL

- Stickmotiv aus Muster ›Weihnachtsfest‹, Seite 110
- Schablone Haus Nr. 7, Seite 119
- 0,20 m Stickleinen weiß (A)
- 0,20 m Leinenstoff weiß (B)
- 0,20 m BW-Stoff ›Nikoläuse‹ (C)
- 0,10 m BW-Stoff ›Streifen‹ anthrazit (D)
- 0,70 m gekochte Wolle anthrazit (E)
- 500 g Füllwatte
- Stickgarne

ZUSCHNITT *inkl. Nahtzugabe*

A: 20 x 20 cm
B: 6 Teile 12 x 11 cm
C: 5 Teile 12 x 11 cm
D: 7 x 80 cm
E: 2x Schablone Nr. 7 (Die Schablone um 46 cm nach unten hin verlängern und anschließend spiegeln oder im Bruch zuschneiden. So ergibt sich eine Hausform. Die Nahtzugabe ist in dieser Schablone bereits inklusive.)

QUADRATISCHES KISSEN

MATERIAL

- 0,50 m BW-Stoff ›Nikoläuse‹ (A)
- 0,50 m gekochte Wolle anthrazit (B)
- Reißverschluss 30 cm

ZUSCHNITT *inkl. Nahtzugabe*

A: 43 x 42 cm
B: 43 x 42 cm

BOUCLÉ-BANKAUFLAGE

MATERIAL

- 1,00 m Strickstoff ›Bouclé Maxi‹ grau (A)
- Reißverschluss 80 cm
- Schaumstoff-Polster, 100 x 30 x 4 cm

ZUSCHNITT *inkl. Nahtzugabe*

A: 30 x 100 cm (A1) für Vorderseite
2 Teile 17 x 100 cm (A2) für Rückseite
2 Streifen 5 x 140 cm

HAUSKISSEN

Sticke einen Nikolaus mittig auf A und bereite die Stickerei, wie auf Seite 102 beschrieben, zur Weiterverarbeitung vor. Schneide A auf 12 x 11 cm so zu, dass unterhalb der Stickerei 1,5 cm Stoff bleibt. Dann lege die Quadrate aus A und C jeweils auf ein Quadrat aus B und versäubere beide Teile zusammen rundum.

Zeichne die Fenster nach der Schemazeichnung unten auf die Hausvorderseite (ein Teil E) und schneide sie aus. Stecke die vorbereiteten Quadrate aus A und C von links hinter die Fensterausschnitte und reihe sie fest. Nähe sie von der rechten Stoffseite füßchenbreit um die Fensterkanten auf. Lege Vorder- und Rückenteil des Hauses rechts auf rechts aufeinander und nähe sie, bis auf die Dachschrägen, an den Seiten und unten zusammen, an der unteren Kante dabei eine Füllöffnung lassen.

Wende das Kissen und steppe die Dachschrägen knappkantig aufeinander. Fasse die oberen Dachschrägen mit einem Randbinding aus D ein. Fülle das Kissen mit Füllwatte und schließe die Öffnung.

QUADRATISCHES KISSEN

Nähe an der Unterkante zwischen A und B den Reißverschluss ein, lege beide Seiten rechts auf rechts aufeinander und nähe sie rundum zusammen.

BOUCLÉ-BANKAUFLAGE

Nähe zwischen die beiden Teile A2 den Reißverschluss ein. Bereite einen langen Streifen vor, indem beide Streifen an einer kurzen Seite zusammengenäht werden. Nähe diesen rundum rechts auf rechts zwischen Rück- und Vorderseite ein.

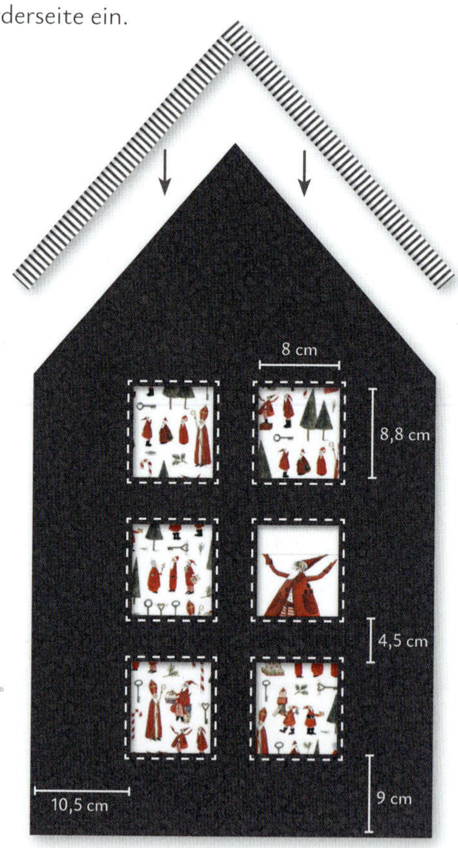

Anhänger »Nikolaus«

Größe ca. 12 x 4 cm

MATERIAL
- Schablone Nikolausmütze Nr. 5, Seite 118
- 0,20 m verschiedene BW-Stoffe, gekochte Wolle (A)
- Rest Teddyplüsch weiß oder wollweiß (B)
- 0,10 m Volumenvlies zum Aufbügeln
- etwas Jutekordel
- 1 kleine Holzperle für die Nase

ZUSCHNITT *inkl. Nahtzugabe*

A: 6 x 4 cm für Stiefel, 6 x 8 cm für Mantel, 6 x 3 cm für Gesicht, 1x Schablone Nr. 5 für Mütze (Nahtzugabe bereits inkl.), 6 x 21 cm für Rückseite

B: 3,5 x 3 cm spitz auslaufend für Bart

Nähe die Teile aus A, wie in der Skizze zu sehen, von unten nach oben rechts auf rechts zusammen und fasse dabei in die Naht zwischen Mantel und Gesicht den Bart ein. Der Teddyplüsch wird nicht umgenäht oder versäubert. Schneide das Volumenvlies rundum 1 cm kleiner zu als die Vorderseite und bügle es auf die linke Stoffseite.

Lege die fertige Vorderseite rechts auf rechts auf das Teil für die Rückseite, schneide die Rückseite wie die Vorderseite zurecht und nähe beide Teile rundum zusammen, lasse dabei unten an den Füßen eine ausreichend große Wendeöffnung. Wende den Anhänger, forme die Ecken sorgfältig aus und schließe die Wendeöffnung. Steppe zuletzt noch die Füße unten mittig ab *(siehe Skizze)* und nähe die Holzperle als Nase und die Jutekordel zum Aufhängen von Hand an.

PS: Stelle Dich darauf ein, dass alle diese zauberhaften Anhänger haben möchten, Du wirst also viele davon anfertigen müssen!

Kissen »Weg zur Bescherung«

Größe 40 x 40 cm | Stickereigröße 12 x 11 cm (70 x 63 Kreuze)

MATERIAL
- Stickmotiv aus Muster ›Weihnachtsfest‹, Seite 107
- 0,30 m Zählleinen ›Mini-Tupfen‹ natur-weiß (A)
- 0,30 m BW-Stoff ›Mini Tupfen‹ weiß-rot (B)
- 0,20 m Leinenstoff rot (C)
- 0,50 m Strickstoff ›Bouclé Maxi‹ grau (D)
- 0,50 m Paspel 10 mm weiß
- Stickgarne
- Reißverschluss 30 cm

ZUSCHNITT *inkl. Nahtzugabe*
A: 30 x 50 cm
B: 27 x 42 cm zum Hinterlegen der Stickerei
C: 18 x 42 cm
D: 43 x 42 cm

»Auf diesem wunderschön bestickten Kissen entfaltet sich eine zauberhafte Szene: Der Nikolaus zeigt dem Engel den Weg zur Bescherung. Mit feinen Kreuzstichen ist dieser besondere Moment festgehalten. Man kann sie förmlich hören, wie die Beiden miteinander sprechen. Vielleicht diskutieren sie auch, weil sie sich noch nicht ganz einig sind, welcher Weg der Beste ist. Der eine meint, dort entlang, der andere, dort? Am Ende führen aber ganz bestimmt beide Wege zum Ziel, zu einem Weihnachtsfest voller Überraschungen und Freude.«

Sticke das Motiv auf A, beginne dafür ca. 4 cm vom unteren Rand, in der Breite mittig. Bereite die Stickerei wie auf Seite 102 beschrieben zur Weiterverarbeitung vor und schneide sie zuletzt auf 27 x 42 cm Größe zu. Unterhalb der Stickerei das Leinen nicht mehr kürzen, nur links, rechts und oben zuschneiden. Lege A links auf links auf B und versäubere beide Teile zusammen rundum. Nähe unten an A das rote Leinen C, fasse dabei die Paspel in der Naht mit ein.
Nähe an der Unterkante zwischen Vorder- und Rückseite den Reißverschluss ein, lege dann beide Seiten rechts auf rechts auf einander und nähe sie rundum zusammen.

Engel im Winterwald

Für die Zeit nach der ereignisreichen Weihnachtszeit mit all ihrer Geschäftigkeit und vielen Überraschungen treten in der Natur und auch auf unseren Stoffen noch einmal andere Farben in den Vordergrund. Alles wird etwas heller, ruhiger, winterlich-zarter. Und auch die Szenen im Winterwald sind jetzt ruhiger, alle emsig im Winterfabelwald vorbereiteten Geschenke sind ausgeliefert und die Engel können ganz ungestört durch den verschneiten Winterwald streifen. Dort treffen sie sich voller Freude und erzählen sich von ihren Erlebnissen der vergangenen Wochen.

Dass mir der Hauch von Rosa in den Stoffen persönlich sehr gefällt, wird Dich wahrscheinlich nicht wundern. Und sehr gerne möchte ich Dich auch überzeugen, diese Farbe kombiniert mit hellen Natur- und Grautönen zu entdecken und für stille Momente z. B. in Decke und Kissen zum Ausruhen einzusetzen.

Kissenpaar »Stickkränzchen«

Größe je Kissen 40 x 40 cm / Stickereigröße je ca. 13,5 x 13,5 cm (78 x 78 Kreuze)

MATERIAL

- Stickmotive aus Muster ›Weihnachtsfest‹, S. 105-107 & Stickmuster ›Kranz‹ auf dieser Seite
- 0,25 m Zählleinen weiß/gebleicht (A)
- 0,25 m Leinen weiß (B)
- 0,30 m BW-Stoff ›Engel im Winterwald‹ (C)
- 0,30 m BW-Stoff ›Emma‹ Thymian (D)
- 0,50 m Teddy-Plüsch steingrau (E)
- 1,00 m Paspel 10 mm dunkelgrau (F)
- Stickgarne
- 2 Reißverschlüsse 30 cm

ZUSCHNITT *inkl. Nahtzugabe*

A: 2 Teile 25 x 25 cm
B: 2 Teile 22 x 22 cm
C: 2 Teile 23 x 42 cm
D: 2 Teile 22 x 22 cm
E: 2 Teile 43 x 42 cm
F: 2 Stücke 50 cm

Sticke für beide Kissen je einen Kranz mittig auf A und je eine Katze mittig in den Kranz. Bereite die fertigen Stickereien zur Weiterverarbeitung vor, siehe Seite 102. Schneide sie jeweils auf 22 x 22 cm zu. Lege die Stickereien jeweils links auf links auf ein Stück B und versäubere beide Teile zusammen rundum.
Nähe 1 Teil D links an eine Stickerei, das andere Teil rechts an die zweite Stickerei. Setze an beide Streifen aus A+B unten jeweils ein Stück C an, fasse dabei die Paspel F in die Naht zwischen den beiden Stofflagen mit ein. Nähe die Reißverschlüsse jeweils an der Unterkante zwischen Vorder- und Rückseite ein, falte beide Seiten rechts auf rechts und nähe sie rundum zusammen.

Das Kränzchen ist auch sehr schön als Motiv in einem Stickrahmen präsentiert. Wie ein Stickring sauber verarbeitet zu einer schönen Dekoration wird, kannst Du auf Seite 72 nachlesen.

Für die Kissen, sticke sowohl diesen Kranz als auch das Innenmotiv (einmal den gestiefelten Kater und einmal die Katze mit Brief, jeweils mittig in den Kranz).
Für den Dekostickrahmen, Foto oben mitte, sticke den Kranz mit Kerzen von Seite 105 als Innenmotiv. Der Stickrahmen hat eine Größe von 21,5 cm.

Teddy-Kätzchen

Größe 30 x 20 cm

MATERIAL
- Schablone Kätzchen Nr. 9.1 und Boden Nr. 9.2, Seite 119
- Schablone Diamant Nr. 1, Seite 118
- 0,35 m Teddyplüsch steingrau (A)
- Lieblings-BW-Stoffstückchen für einen Diamant-Stern (B)
- Papier für Diamant-Schablonen (C)
- 200 g Füllwatte

ZUSCHNITT *inkl. Nahtzugabe*
A: 2x Schablone Nr. 9.1 für Körper,
1x Schablone Nr. 9.2 für Boden
B: 6x Schablone Nr. 1
C: 6x Schablone Nr. 1 (ohne Nahtzugabe zuschneiden!)

Nähe Vorder- und Rückseite aus A rechts auf rechts zusammen und zuletzt den Boden ein, lasse dabei eine Wendeöffnung. Wende das Kätzchen.

Fertige aus B einen EPP Diamant-Stern, wie beschrieben auf Seite 12-14, und appliziere den Stern mit zarten Saumstichen auf den Bauch des Kätzchens. Fülle es mit Watte und schließe die Öffnung.

EPP Lieblingsplätze

»So wie auf Kätzchens Bauch kannst Du EPP Diamant-Sterne auch an vielen anderen Stellen einsetzen. Ich habe so einen handgenähten Stern z. B. auf einen Filzstern appliziert, den fertigen Deko-Sternanhänger haben wir für Dich als Ideengeber an die Leiter gehängt. Besonders kreativ kannst Du die EPP-Formen ›Diamant-Stern‹ und ›Hexie‹ aber auch benutzen, um damit Kleidungsstücken noch ein besonderes, individuelles Extra hinzuzufügen.

Hier habe ich z. B. zwei Hexies auf die Taschen einer rosa Leinenschürze appliziert, an anderer Stelle im Buch findest Du noch weitere Gestaltungsideen mit Hexies und Diamant-Sternen auf Schürzen (siehe Seite 15). Warum nicht auch mal eine Jeans-Jacke mit Applikationen aufwerten, vielleicht erst mal ganz vorsichtig an den Ellbogen, oder etwas mutiger am Kragen? Ich sehe einen großen Stern auf dem Rücken meiner Jacke ... EPP hat einfach viel Potential, das entdeckt werden möchte ...«

Zwei Gläserhüllen

Größe 20 cm Höhe & 45 cm Umfang, variabel

VARIANTE MOTIV-STOFF MIT STICKEREI »GESTIEFELTER KATER«

MATERIAL

- Stickmotiv aus Muster Weihnachtsfest, Seite 105-106 (Stickereigröße 4,5 x 4 cm & 25 x 24 Kreuze)
- 0,30 m BW-Stoff ›Engel im Winterwald‹ (A)
- 0,10 m BW-Stoff ›Streifen‹ anthrazit-weiß (B)
- 0,25 m bauschiges Volumenvlies zum Einnähen (C)
- 0,20 m Strickstoff ›Bouclé Maxi‹ creme (D)
- 1 vorbereitete Lasche (siehe Text rechts)

ZUSCHNITT *inkl. Nahtzugabe*
A: 22 x 47 cm (A1), 20 x 45 (A2)
B: 5 x 140 cm
C: 22 x 47 cm
D: 20 x 20 cm

VARIANTE TEDDY-PLÜSCH MIT STICKEREI »KATZE MIT BRIEF«

MATERIAL

- Stickmotiv aus Muster ›Weihnachtsfest‹, Seite 107 (Stickereigröße 4,5 x 5 cm & 26 x 29 Kreuze)
- 0,40 m BW-Stoff ›Streifen‹ anthrazit-weiß (A)
- 0,30 m Teddyplüsch steingrau (B)
- 1 vorbereitete Lasche (siehe Text rechts)

ZUSCHNITT *inkl. Nahtzugabe*
A: 35 x 47 cm
B: 22 x 47 cm (B1), 20 x 20 cm (B2)

Die Größe der Gläserhüllen lässt sich ganz leicht an schon vorhandene Gläser anpassen. Messe Höhe und Umfang aus und passe die Angaben zum Material/Zuschnitt entsprechend an. Beide Hüllen-Varianten sind mit einer bestickten Lasche geschmückt. Fertige die Laschen mit Stickerei zum Einnähen wie beim Kissen »Katzenglück« auf Seite 94 beschrieben. Achte auf die Ausrichtung des Leinens, für Variante 2 wird das Leinen längs bestickt, für Variante 1 quer.

VARIANTE MOTIV-STOFF MIT STICKEREI »GESTIEFELTER KATER«

Lege A1 links auf links auf C und nähe beides an der kurzen Seite rechts auf rechts zum Ring zusammen. Fasse dabei die vorbereitete Lasche in gewünschter Höhe in die Naht ein. Nähe A2 ebenfalls an den kurzen Seiten zum Ring zusammen und schiebe ihn links auf links in den Ring aus A1. Reihe alle drei Lagen zusammen. Stelle das Glas auf die linke Seite von D, zeichne den Rand nach und schneide den Kreis zzgl. 1 cm Nahtzugabe aus. Nähe diesen Boden in den Ring aus A. Begradige zuletzt den oberen Rand und fasse ihn mit einem Randbinding aus B rundum ein.

VARIANTE TEDDY-PLÜSCH MIT STICKEREI »KATZE MIT BRIEF«

Nähe B1 an den kurzen Seiten rechts auf rechts zum Ring zusammen. Nähe eine lange Seite von A (oberer Rand) 1 cm um und dabei mittig die vorbereitete Lasche an. Dann nähe das Stück wie B1 zum Ring zusammen, die Naht befindet sich gegenüber der Lasche. Schiebe beide Ringe aus A und B links auf links in einander, der Ring aus A ragt deutlich über B hinaus. Schneide den Boden wie oben in der anderen Variante beschrieben aus B2 aus und nähe ihn unten in den Ring. Kremple den überstehenden Rand von A über den Plüsch um.

Schild »Drei Winterengel«

Größe 25 x 35 cm | Stickereigröße 13 x 20,5 cm (80 x 120 Kreuze)

MATERIAL
- Stickmotive Engel aus Muster ›Weihnachtsfest‹, S. 106-109
- 0,30 m Zählleinen ungebleicht (A)
- 0,30 m BW-Stoff ›Engel im Winterwald‹ (B)
- 0,10 m BW-Stoff ›Emma‹ Kiesel (C)
- 0,30 m bauschiges Volumenvlies zum Einnähen (D)
- 0,50 m Satinband doppelseitig creme
- Stickgarne

ZUSCHNITT *inkl. Nahtzugabe*
A: 30 x 40 cm
B: 25 x 35 cm
C: 5 x 140 cm
D: 25 x 35 cm

Sticke die drei Engel nebeneinander mittig auf A. Als kleine Orientierungshilfe folgende Hinweise: die Füße stehen alle auf gleicher Höhe, beginne die Stickerei mit dem mittleren Engel. Lasse vom rechten Fuß des mittleren Engels zum linken Fuß des rechten Engels 23 Stiche frei, vom linken Fuß des mittleren Engels zum vorderen Fuß des linken Engels 20 Stiche. Bereite die Stickerei zur Weiterverarbeitung vor wie auf Seite 102 beschrieben, schneide sie dann auf 25 x 35 cm zu und versäubere sie rundum.
Lege dann A links auf links auf D, B links auf links auf die Rückseite von D. Fasse alle drei Lagen mit einem Randbinding aus C ein, fasse dabei auf der Rückseite oben das Satinbändchen zum Aufhängen ein.

Utensilo »Winterengel«

Größe ca. 35 x 8 x 30 cm | Stickereigröße ca. 13 x 6,5 cm (max. 80 x 42 Kreuze)

MATERIAL
- Stickmotiv einer der Engel aus Muster Weihnachtsfest, Seiten 106-109
- 0,45 m Zählleinen ungebleicht (A)
- 0,45 m BW-Stoff Emma Kiesel (B)
- 0,45 m BW-Stoff Tupfen altrosa-weiß (C)
- 0,45 m bauschiges Volumenvlies zum Einnähen (D)
- Stickgarne

ZUSCHNITT *inkl. Nahtzugabe*
A: 45 x 20 cm
B: 2 Teile 38 x 35 cm
C: 2 Streifen 40 x 12 cm (C1), 40 x 37 cm (C2)
D: 2 Teile 40 x 37 cm

Wähle einen Lieblingsengel aus und sticke ihn auf A. Beginne ca. 12 cm vom unteren Rand, in der Breite mittig. Bereite die Stickerei zur Weiterverarbeitung vor wie auf Seite 102 beschrieben, schneide sie dann auf 40 x 17 cm zu und versäubere sie rundum. Nähe dann rechts und links jeweils einen Streifen C1 an A. Steppe die Stickerei mit angenähten Rändern auf ein Teil D. Damit die Steppung möglichst unsichtbar bleibt und so der zartrosa Stoff nicht gestört wird, steppe knapp an den Rändern des Leinens mit einem naturfarbenen Garn. Reihe C2 auf das zweite Teil D. Lege beide Teile rechts auf rechts und nähe sie an den Seiten zu. Nähe sie auch unten zusammen und dabei an den Seiten jeweils ca. 8 cm ab. Das äußere Säckchen ist fertig. Lege für das Innensäckchen die beiden Teile B rechts auf rechts und nähe sie wie die beiden Teile des äußeren Säckchens zusammen. Lasse an einer Seite eine Wendeöffnung. Stülpe beide Säckchen rechts auf rechts ineinander und nähe sie am oberen Rand rundum zusammen. Wende das Utensilo, schließe die Wendeöffnung und kremple den oberen Rand nach außen um.

Diese drei eleganten Winterengel sind eine wunderschöne Stickarbeit, denn ihre Kleider sind einfach wunderbar detailreich und lassen unsere Herzen höher schlagen.

Kissen »Katzenglück«

Größe 40 x 40 cm | Stickereigröße 4,5 x 5 cm (26 x 29 Kreuze)

MATERIAL
- Stickmotiv Katze aus Muster ›Weihnachtsfest‹, Seite 107
- 0.20 m Zählleinen natur (A)
- 0.50 m Teddyplüsch steingrau (B)
- 0.15 m BW-Stoff ›Streifen‹ anthrazit-weiß (C)
- Stickgarne

ZUSCHNITT *inkl. Nahtzugabe*
A: 20 x 20 cm
B: 42 x 120 cm
C: 2 Streifen 9 x 42 cm

Markiere auf A die Mitte und sticke das Kätzchen dann knapp oberhalb der Mitte, platziere es auch in der Breite mittig. Wasche und bügle die Stickerei wie auf Seite 102 beschrieben und schneide sie auf 20 x 10 cm zu. Versäubere die Seiten und nähe sie rundum 1 cm um. Falte die Stickerei nun links auf links zu einer Lasche und lege sie am oberen Rand mittig auf die rechte Seite eines Streifens C, so dass die Lasche in die Naht eingefasst werden kann. Lege den zweiten Streifen C rechts auf rechts auf den ersten Streifen mit Lasche und nähe den oberen Rand zusammen. Wenn die Stoffstreifen auseinandergefaltet werden, hängt die Lasche mit dem Kätzchen nun unten aus der Naht heraus.
Nähe den doppellagigen Stoffstreifen rechts auf rechts an eine kurze Seite von B, versäubere die andere kurze Seite von B mit einem engen Zickzackstich oder nähe ihn mit einem schmalen Saum um. Lege B so aufeinander, dass ein Hotelverschluß entsteht. Die Kissenhöhe beträgt dabei 40 cm, woraus sich der Über- und Untertritt des Verschlusses ergibt. Verschiebt man das Ganze etwas in sich, ändert man damit die Position der bestickten Lasche. So kann man die Höhe der Lasche gestalten wie es einem am besten gefällt. Schließe zuletzt die Seitennähte.

Werkstatt des Glücks

seit Jahren bastele ich an meinem Glück
jage ihm nach
strenge mich an
zerbreche mir den Kopf
meine, es müsse so oder so sein

und dann begegnet es mir, das Glück
es kommt zu mir
ich hab es nicht gemacht
ich hab es mir nicht verdient
es kommt und klopft mir auf die Schulter

hier bin ich, Dein Glück
für Dich da
einfach so

und wenn ich diesen Moment nicht verpasse
vor lauter Jagd und Kampf
bin ich der glücklichste Mensch

Arndt H. Menze

Kissen »Winterlicht«

Größe 30 x 50 cm | Stickereigröße ca. 13 x 6,5 cm (75 x 40 Kreuze)

MATERIAL
- Stickmotiv Engel mit Kerze aus Muster ›Weihnachtsfest‹, Seite 106
- 0,40 m Zählleinen ungebleicht (A)
- 0,40 m BW-Stoff ›Engel im Winterwald‹ (B)
- 0,40 m BW-Webstoff ›Karo‹ rosa (C)
- 0,40 m Paspel 10 mm hellgrau
- Stickgarne

ZUSCHNITT *inkl. Nahtzugabe*
A: 40 x 30 cm
B: 32 x 34 cm (B1), 32 x 20 cm (B2) z. Hinterlegen d. Stickerei
C: 25 x 52 cm (C1), 20 x 52 cm (C2)

Sticke das Motiv mittig auf A, bereite die Stickerei zur Weiterverarbeitung vor wie auf Seite 102 beschrieben und schneide sie auf 32 x 20 cm zu. Lege B2 und die Stickerei links auf links aufeinander und versäubere beide Teile zusammen rundum. Nähe B1 rechts an A und fasse dabei die Paspel zwischen den beiden Stofflagen in die Naht mit ein. Arbeite für die Rückseite die beiden Teile C1 und C2 als Hotelverschluss, siehe Nählexikon Seite 120. Lege Vorder- und Rückseite rechts auf rechts auf einander und nähe alle Seiten rundum zusammen

Kissen mit bestickter Lasche

Größe 40 x 40 cm | Stickereigröße ca. 13 x 6,5 cm (79 x 38 Kreuze)

MATERIAL
- Stickmotiv Engel aus Muster ›Weihnachtsfest‹, Seite 106
- 0,30 m Zählleinen natur (A)
- 0,25 m BW-Stoff ›Engel im Winterwald‹ (B)
- 1,00 m BW-Webstoff ›Fischgrät‹ natur (C)
- Stickgarne
- Reißverschluss 30 cm

ZUSCHNITT *inkl. Nahtzugabe*
A: 30 x 30 cm
B: 20 x 22 cm
C: 84 x 42 cm

Markiere auf A längs die Mitte und sticke das Motiv dann auf die linke Hälfte. Der rechte Fuß des Engels beginnt dabei ca. 3 cm von unten, ca. 4 cm von der Mittelfalz. Wasche die Stickerei wie auf Seite 102 beschrieben und schneide sie auf 20 x 22 cm zu, lege sie rechts auf rechts auf B. Nähe beide Teile an der oberen und unteren Kante zusammen, links und rechts bleibt offen. Wende das Teil vorsichtig. Nähe zwischen die kurzen Seiten von C den Reißverschluss ein, falte beide Seiten rechts auf rechts so aufeinander, dass der Reißverschluss an der unteren Kante liegt. Falte A auf der Hälfte zur Lasche. Nähe die offenen Seiten von C zusammen, fasse dabei die Lasche in die rechte Naht ein. Der Abstand der Lasche vom oberen Rand beträgt ca. 10 cm.

Decke »Engel im Winterwald«

Größe 160 x 120 cm

MATERIAL
- 1,50 m BW-Stoff ›Engel im Winterwald‹ (A)
- 0,70 m BW-Stoff ›Tupfen hellgrau-weiß‹ (B)
- 0,50 m Webstoff ›Karo‹ rosa (C)
- 1,70 m Strickstoff ›Bouclé Maxi‹ creme (D)
- 1,70 m bauschiges Volumenvlies zum Einnähen (E)

ZUSCHNITT *inkl. Nahtzugabe*
A: 135 x 100 cm
B: 4 Streifen 14 x 140 cm
C: 5 Streifen 5 x 140 cm als Randbinding

Nähe zuerst zwei Streifen B links und rechts an A, dann die beiden anderen Streifen oben und unten an A. Lege die Vorderseite auf E und reihe die beiden Teile zusammen. Lege dann beides links auf links auf D und reihe noch einmal.
Steppe dann alle drei Lagen durch. Beginne oben entlang der Naht zwischen A und B, danach steppe in ca. 17 cm breiten Abständen über die ganze Breite bis zur unteren Naht. Steppe die Decke längs in ca. 12 cm breiten Abständen ab.
Begradige die Seiten der Decke und fasse sie abschließend mit einem Randbinding aus C ein, wie auf Seite 120 beschrieben.

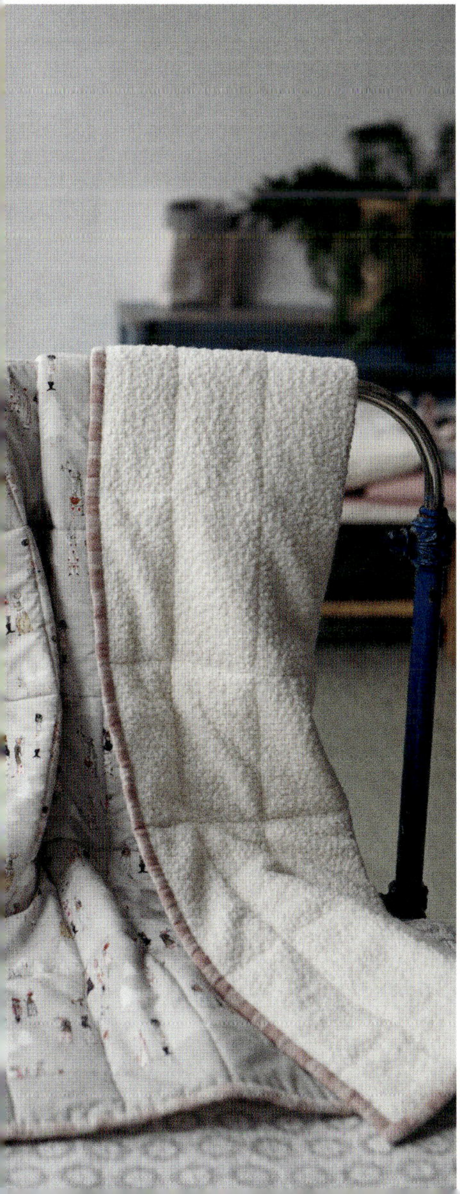

Eine Decke wie eine warme Umarmung, still und leicht für winterliche Tage!

Kissen »Wärme für Dich«

Größe 40 x 60 cm

MATERIAL
- 0,30 m BW-Stoff ›Engel im Winterwald‹ (A)
- 0,50 m Strickstoff ›Bouclé Maxi‹ creme (B)
- 0,30 m Webstoff ›Karo‹ rosa (C)
- 0,25 m bauschiges Volumenvlies zum Einnähen (D)
- Wärmflasche in der Größe 56 x 10 cm
- Reißverschluss 50 cm
- Kissenfüllung 40 x 60 cm

ZUSCHNITT *inkl. Nahtzugabe*
A: 2 Teile 22 x 60 cm
B: 43 x 62 cm (B1) für Rückseite,
17 x 62 cm (B2), 22 x 62 cm (B3), 8 x 62 cm (B4)
C: 4 Streifen 10 x 50 cm
D: 22 x 60 cm

»Im aufgesetzten Tunnel des kuschelweichen Kissens versteckt sich eine Wärmflasche, die Dir unsichtbar Wärme schenkt, wenn Du das Kissen z. B. in Rücken oder Nacken legst. Links und rechts wird der Tunnel mit einer Schleife geschlossen, so kann die Wärmflasche nicht herausrutschen. Und wenn das Kissen nicht als Wärmekissen im Einsatz ist, sieht es auf dem Sofa auch einfach sehr schön aus.«

Fertige aus C vier Bänder, nähe dafür die Streifen an der langen und einer kurzen Seite links auf links zusammen und wende sie.
Für den Wärmflaschentunnel: Lege ein Teil A links auf links auf D und das zweite Teil A rechts auf rechts auf A. Lege zwei Bänder C links und rechts an der kurzen Seite zwischen die beiden Teile A, so dass sie beim anschließenden Zusammennähen der beiden kurzen Seiten in die Naht eingefasst werden können. Wende vorsichtig und steppe den Rand links und rechts ca. 1 cm breit ab. Versäubere die beiden langen Seiten oben und unten.
Stecke den Tunnel rechts auf rechts auf B3. Nähe oben B2 an, unten B4. Lege die Rückseite B1 rechts auf rechts auf die komplette Vorderseite. Nähe an der unteren Kante den Reißverschluss zwischen beide Seiten ein. Nähe zuletzt die offenen Seiten zusammen, fasse dabei links und rechts in Höhe der beiden Bänder am Tunnel die verbliebenen beiden Bänder in die Seitennaht ein.

Passend zur Umarmung von Seite 98 bereitet dieses Kissen wohlig-warme Moment zum Ausruhen und Entspannen.

STICKLEXIKON

WEITERVERARBEITUNG VON STICKEREIEN

Wasche das Stickleinen nach dem Sticken vorsichtig von Hand. Trockne es in einem Handtuch und bügle es noch feucht mit einem Tuch zwischen Bügeleisen und Stickerei. So verzieht sich das Leinen nicht und die Stickerei wird schön zur rechten Seite herausgebügelt.
Messe nach dem Waschen und Bügeln das bestickte Leinen sorgfältig aus und schneide es anhand der in der Anleitung angegebenen Maße zu. Nun wird das Leinen wie in der Anleitung angegeben mit BW-Stoff hinterlegt und beide Stoffe werden zusammen rundherum versäubert. Durch den Hintergrundstoff hat das Stickleinen mehr Halt und bleibt in Form. Die Stickerei kommt noch mehr zur Geltung.

GRÖSSENERMITTLUNG EINER STICKEREI

Auf 12-fädigem Leinen ergeben 6 Kreuze einen Zentimeter. Um die Größe einer Stickerei zu ermitteln, teile die Gesamtkreuze (Breite und Höhe) durch die Kreuze pro Zentimeter.
Beispiel: 120 x 60 Kreuze / 6 Kreuze pro cm (12-fädiges Leinen)
= 20 x 10 cm

STICKGARN

Die Motive in diesem Buch sind alle mit deutschem Baumwollgarn der Firma Vaupel & Heilenbeck gestickt, einem matten, einfädigen Garn aus unmercerisierter Baumwolle. Aufgrund der farbigen Darstellung der Motive kann es ganz bequem auch in Garne anderer Hersteller umgestellt werden. Unsere Umrechnungstabelle zu DMC-Twist ist auf der gegenüberliegenden Seite zu finden, mit diesem Garn sollte 2-fädig gestickt werden.

STICKLEINEN

Das von uns verwendete Leinen ist ein in Kette und Schuss relativ gleichmäßiges Gewebe, d.h. die gestickten Kreuze werden quadratisch. Die im Buch verwendete Leinenbreitware misst 12 bzw. 11 Fäden pro Zentimeter. Leinen ist ein Naturmaterial, wasche es deshalb nach dem Besticken und vor dem weiteren Verarbeiten wie oben unter »Weiterverarbeitung von Stickereien« beschrieben.

STICKNADEL

Die Sticknadel hat in der Regel keine Spitze, um die Gewebefäden nicht anzustechen. Wir empfehlen eine Nadel der Größe 24 oder 26. Für den Knötchenstich raten wir zu einer Nadel mit Spitze, um gegebenenfalls durch schon besticktes Leinen zu stechen.

STICKSTICHE

Kreuzstich

Dieser Stich wird über zwei Gewebefäden gearbeitet. Er wird in hin- und hergehenden Reihen gestickt. In der Hinreihe werden die Grundstiche von links unten nach rechts oben über zwei Gewebefäden ausgeführt. In der Rückreihe werden die Deckstiche gesetzt. Sie werden von rechts unten nach links oben ausgeführt. Wird das Muster durch eine andere Farbe unterbrochen, wird der Zwischenraum durch einen längeren Schrägstich übergangen, dieser sollte nicht länger als 3 Kreuze sein.

Petit Point

Beim Petit Point wird auf der Vorderseite nur über einen Gewebefaden gestickt. Dabei wird von hinten der Faden von links unten ausgestochen und vorne nach rechts oben eingestochen.

Steppstich

Dieser Stich wird von rechts nach links gearbeitet. Dabei wird von unten durch das Leinen ausgestochen, die Nadel um die gewünschte Stichlänge nach rechts eingestochen und um die doppelte Stichlänge nach links zurückgestochen. Dann wird wieder in die letzte Ausstichstelle eingestochen und in doppelter Stichlänge die Nadel nach oben ausgestochen.

STICKFÄDEN VERNÄHEN

Die Fäden der Kreuzstichstickereien werden auf der Rückseite vernäht. Dazu am Anfang und Ende ca. 5-10 cm Faden übrig lassen. Diese Enden werden durch die senkrecht verlaufenden Stiche, die sich auf der Rückseite einer Stickerei ergeben, gezogen. Einmal 6 Stiche nach oben und einmal versetzt 6 Stiche nach unten, und immer von außen zur Mitte der Stickerei. Knoten können Beulen verursachen und sich beim Waschen lösen, daher sind sie eher ungeeignet.

Kreuzstich

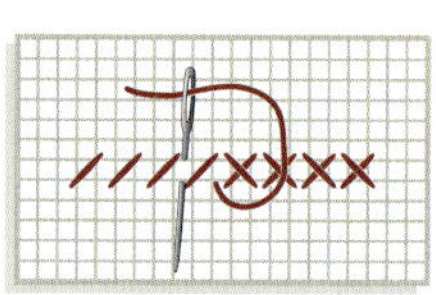

halber Kreuzstich

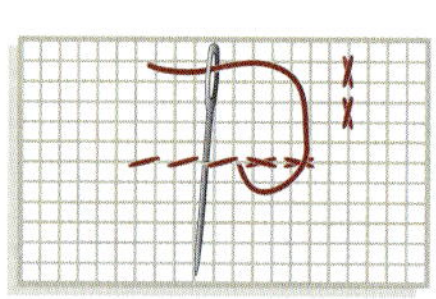

Steppstich

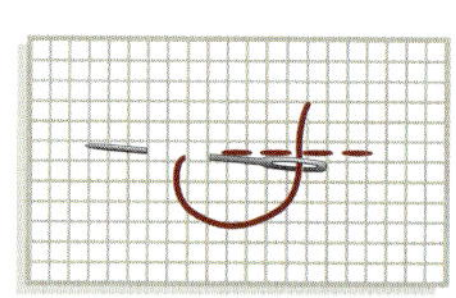

Petit Point

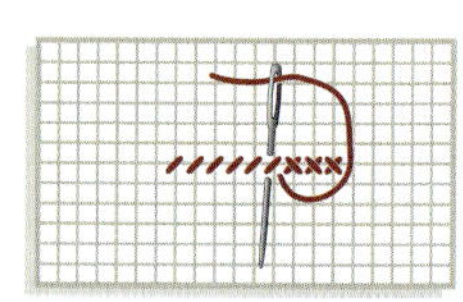

Im Stickmuster symbolisiert ein Kästchen einen Stich.

»Farben spielen nicht nur bei unseren Motivstoffen für dieses Buch eine wichtige Rolle, auch die Stickmotive sind als Ergänzung zu den Stoffen sehr vielfältig gestaltet. Eine grüne Tanne ist nicht einfach nur grün, verschiedene Abstufungen von Grün geben ihr erst Lebendigkeit und Tiefe.
Deshalb habe ich z. B. insgesamt 15 Grüntöne in die Stickmuster einfließen lassen, zugegeben sehr viele. Meiner Meinung nach kann aber keiner davon weggelassen werden, damit die fertigen Stickereien genau die Ausstrahlung haben, die Du mit jedem Stich anlegst.
Der Kreuzstich ist eine traditionelle, dabei aber leicht zu erlernende Sticktechnik, und der Begriff ›Technik‹ ist hier auch Programm:
Kreuzstich wird gezählt, es gibt keinen Interpretationsspielraum. Du musst nicht kreativ entscheiden, wie Du stickst. Für mich ist es beruhigend, dass eindeutig ist, was zu tun ist, niemals kommt der Gedanke auf, ob vielleicht etwas mehr rechts oder links eingestochen werden muss ..., es ist einfach ganz klar. Und wenn Du die Grundtechnik beherrschst, werden die Ergebnisse immer genau so sein, wie es das Muster vorgibt. Deshalb möchte ich Dich auch für diese Handarbeit begeistern!«

GARNTABELLE

In dieser Garntabelle sind alle Farbnummern der V+H Garne aufgeführt, die gesamt für alle Stickmuster in diesem Buch benötigt werden. Außerdem ist eine Umrechnung zu den Farben von DMC angegeben. Auch zum Sticken eines Einzelmotivs, entweder aus der Reihe ›Weihnachtsfest‹ oder z. B. das kleine Kränzchen von Seite 86, kannst Du Dir hier die benötigten Farben heraussuchen.

Tipp:
Auf unserer Homepage www.acufactum.de kannst Du die Tabelle bei dem Artikel ›Buch Tuchfühlung‹ herunterladen.

V+H	DMC	V+H	DMC	V+H	DMC
1000	3865	3305	3712	4028	164
1105	350	3312	3864	4030	472
1400	646	3512	840	4031	3364
1500	3032	3741	3799	4033	989
2002	415	3955	335	4034	3363
2021	761	3967	3752	4035	895
2033	3753	3985	948	4037	225
2052	353	3990	3816	4038	224
2079	3801	3991	3815	4039	152
2089	3831	3992	3753	4043	524
2091	318	3995	437	4044	523
2400	666	3996	3862	4045	3052
3005	351	4004	169	4046	368
3006	B5200	4016	3821	4052	894
3114	815	4017	726	4074	563
3222	523	4021	762	4075	987
3303	159	4023	3864		

WEIHNACHTSFEST | Teil 1 von 8

(Die Umrandung der Stiefel der Schneeflöckchen ist zur besseren Lesbarkeit in gelb dargestellt, gestickt wird sie aber in V&H 3741 / DMC 3799. Alle anderen gelben Linien werden in dem entsprechenden Gelbton gestickt.)

WEIHNACHTSFEST | Teil 3 von 8

WEIHNACHTSFEST | Teil 4 von 8

(Die Umrandung der Stiefel der Schneeflöckchen ist zur besseren Lesbarkeit in gelb dargestellt, gestickt wird sie aber in V&H 3741 / DMC 3799. Alle anderen gelben Linien werden in dem entsprechenden Gelbton gestickt.)

112

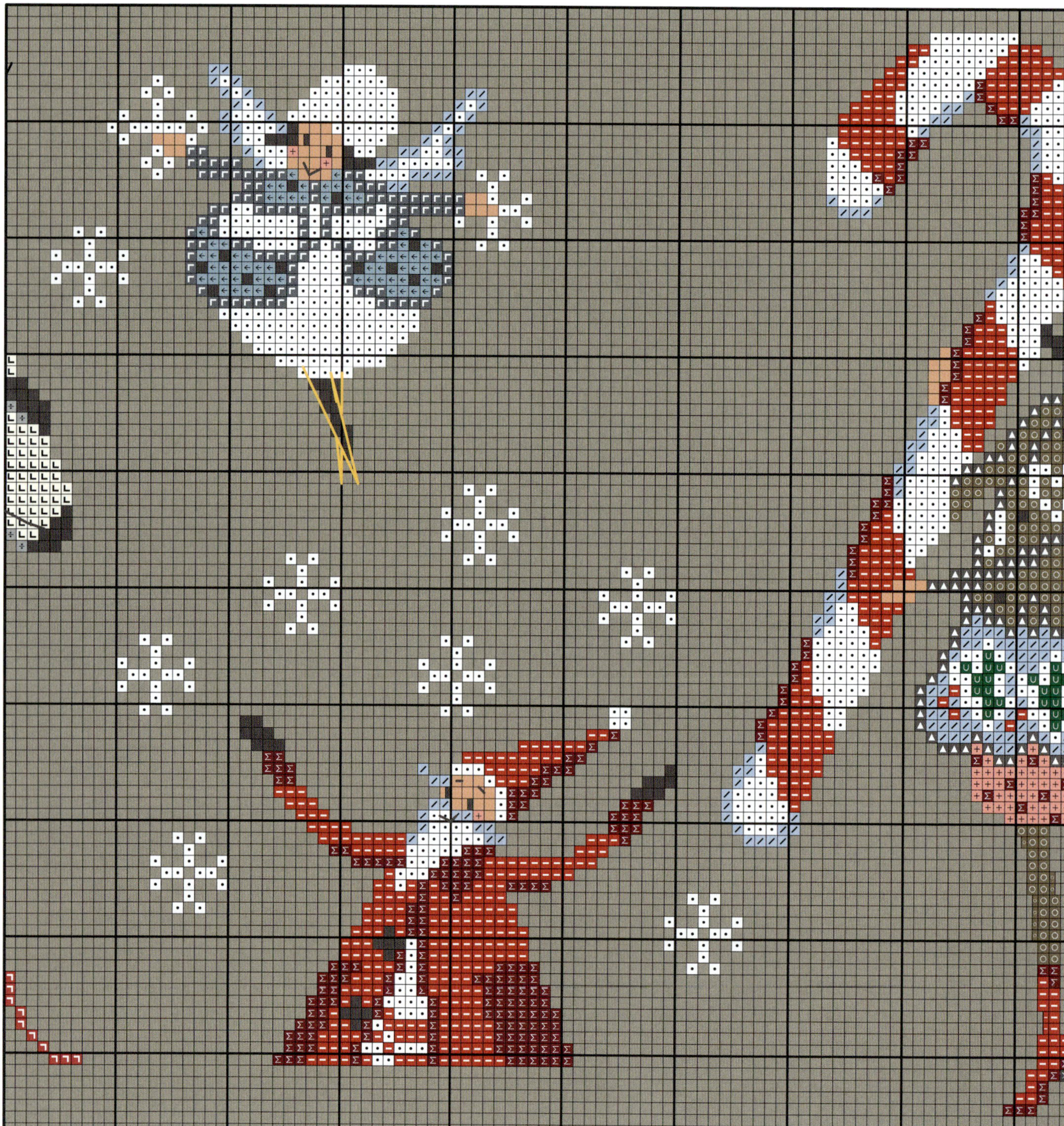

(Die Umrandung der Stiefel der Schneeflöckchen ist zur besseren Lesbarkeit in gelb dargestellt, gestickt wird sie aber in V&H 3741 / DMC 3799. Alle anderen gelben Linien werden in dem entsprechenden Gelbton gestickt.)

GROSSER KRANZ | Teil 1 von 4

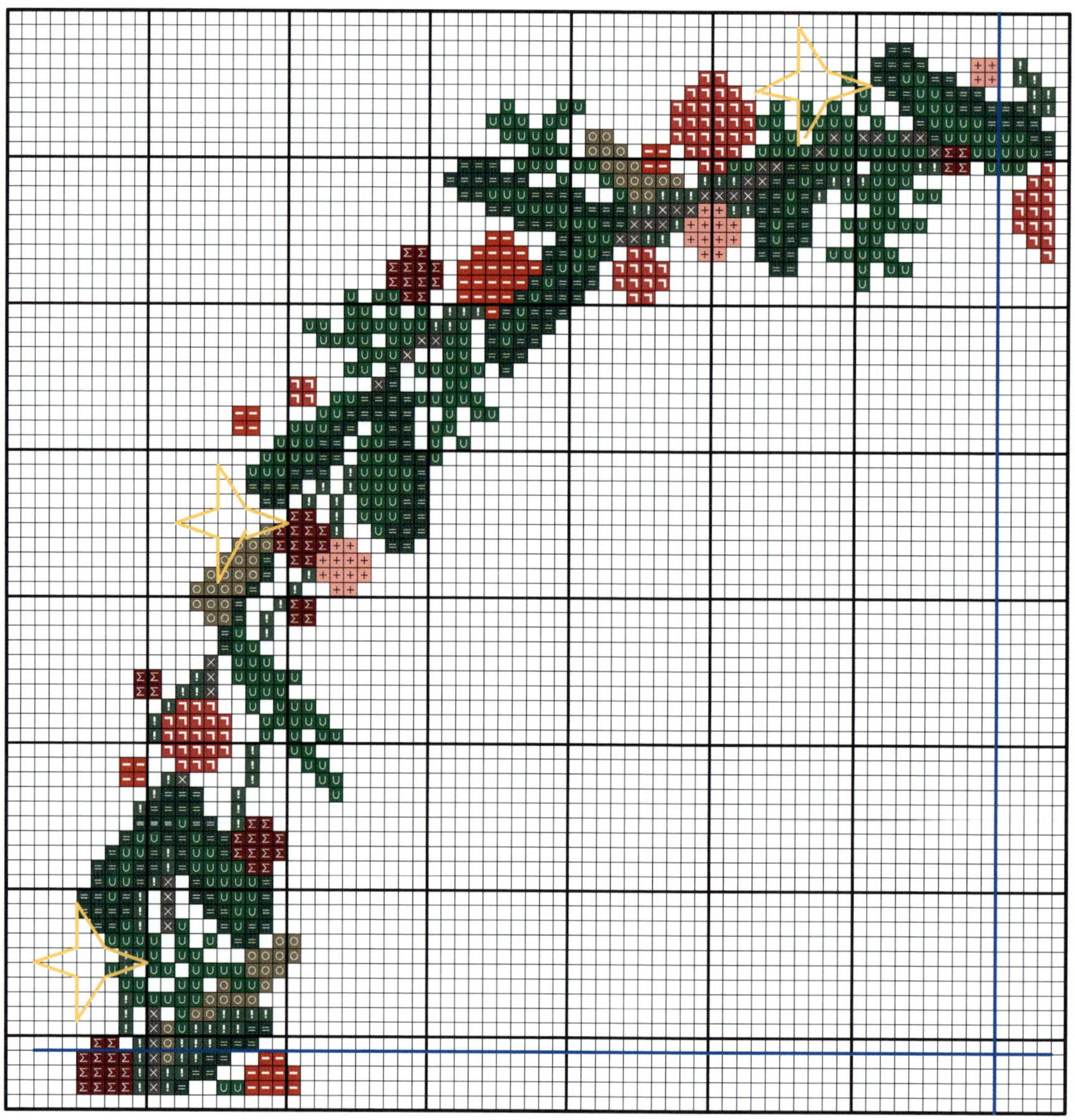

(Alle vier Musterteile an den blauen Linien zu einem ganzen Kranz aneinanderfügen. Das Muster des Zuckerstangenengel befindet sich auf den Seiten 110–111.)

GROSSER KRANZ | Teil 2 von 4

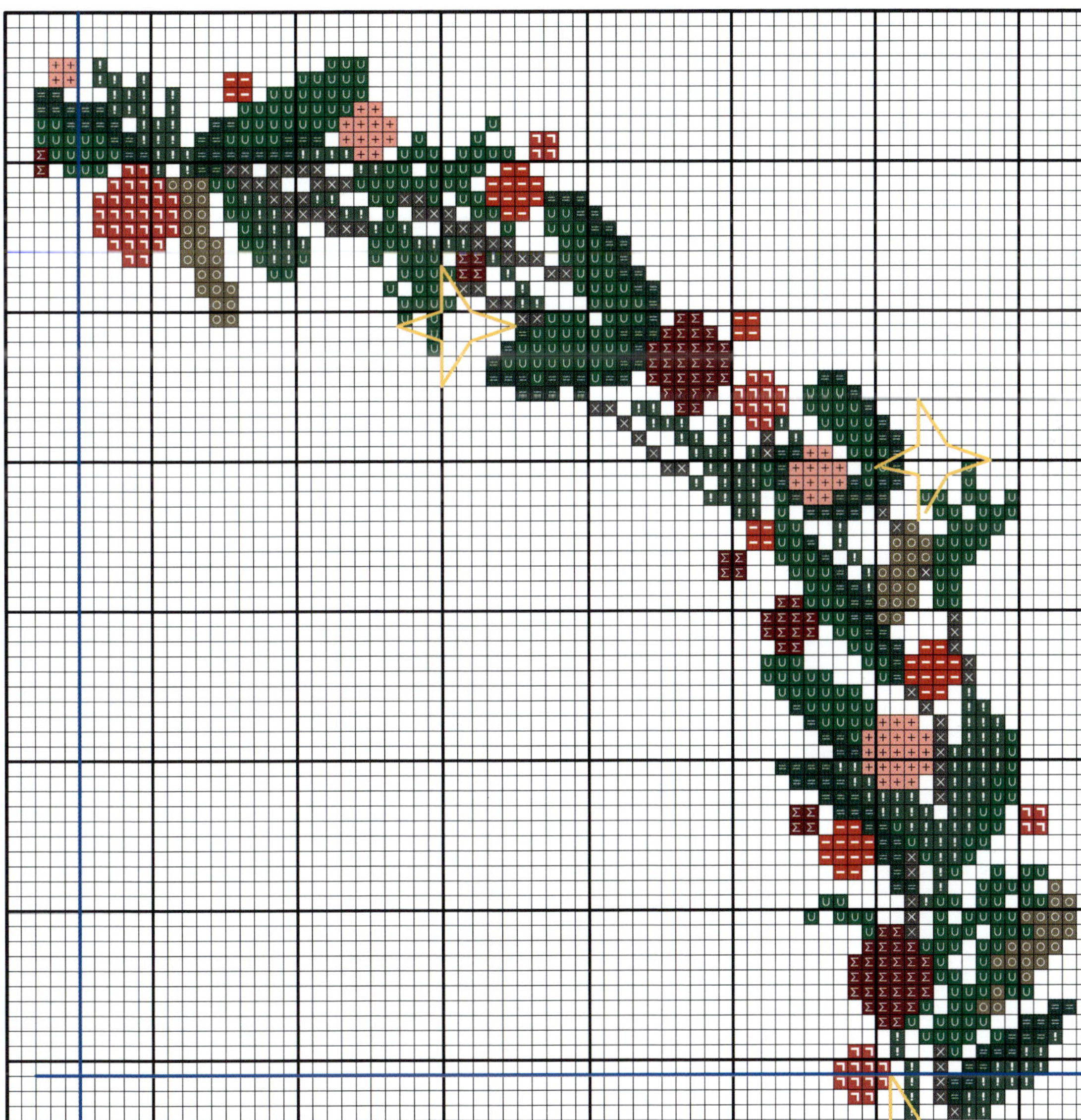

GROSSER KRANZ | Teil 3 von 4

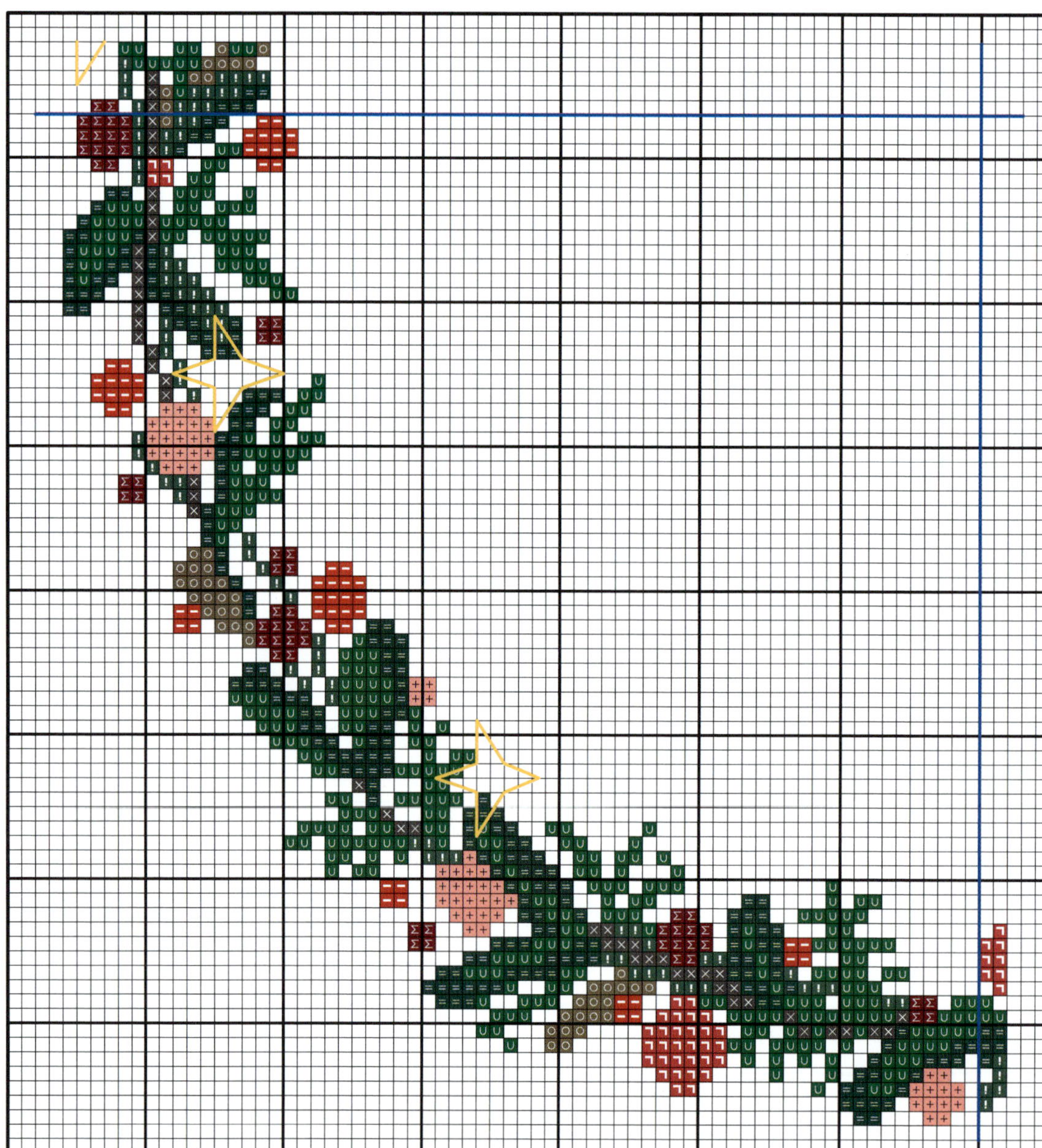

GROSSER KRANZ | Teil 4 von 4

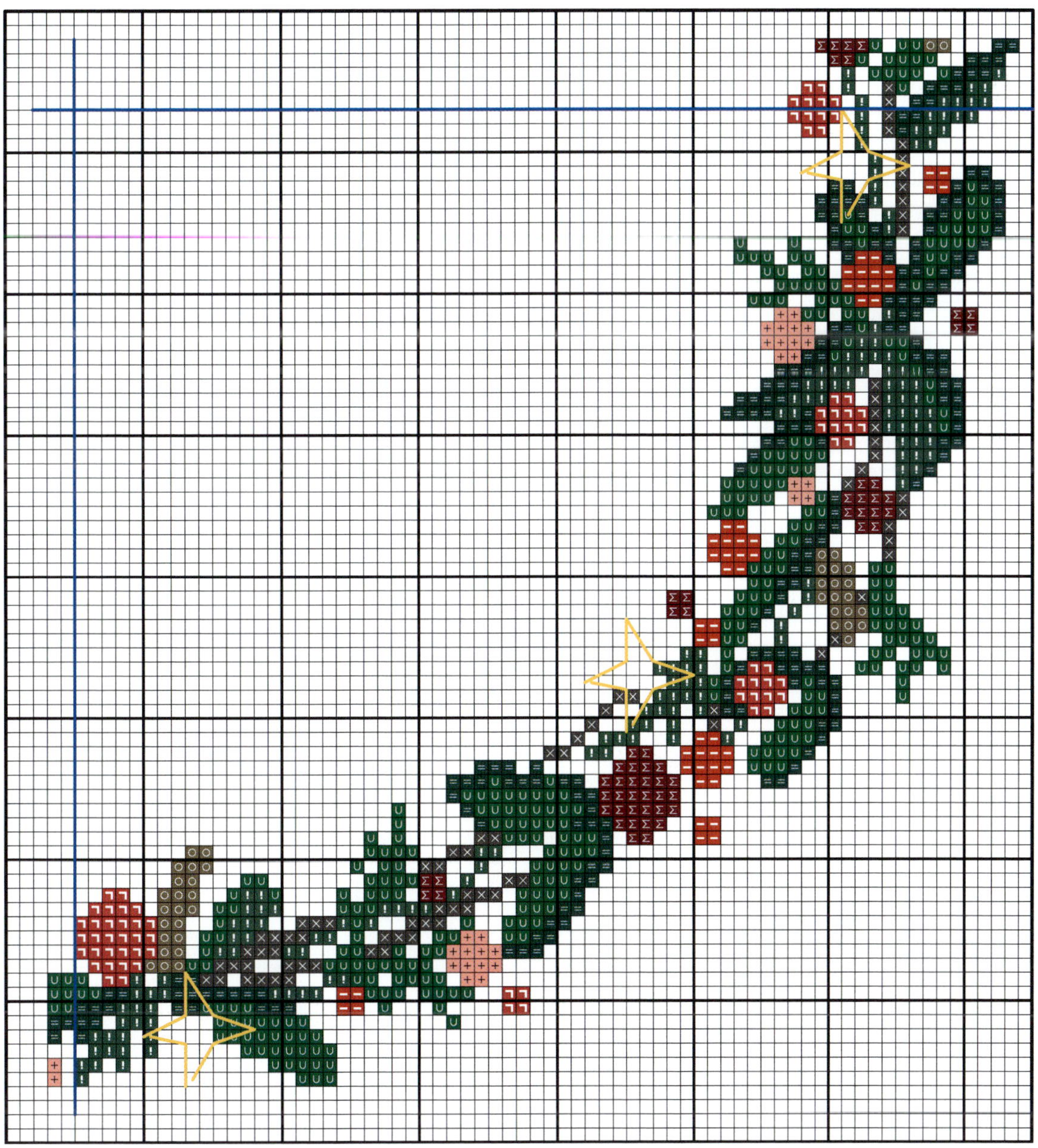

STICKMUSTER

SKIFAHRER

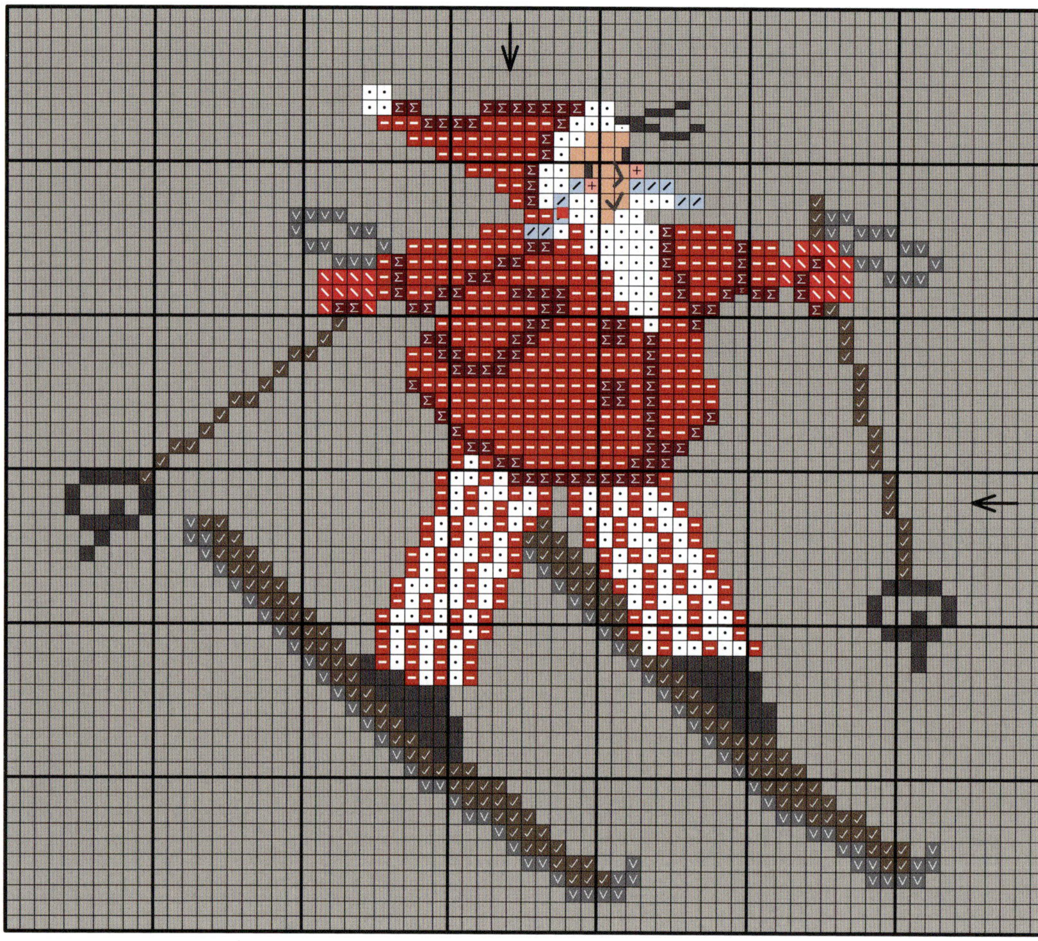

STICKMUSTER

ADVENTSKALENDER-ZAHLEN

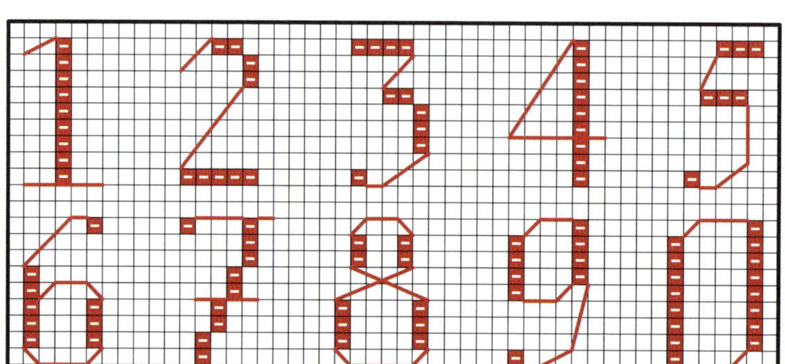

FLOCKENTANZ

(Muster insgesamt vier mal sticken, zweimal neben- und zweimal untereinander. Die roten Linien geben den Rapport an.)

SCHABLONEN

zzgl. 1 cm Nahtzugabe, sofern nicht anders angegeben

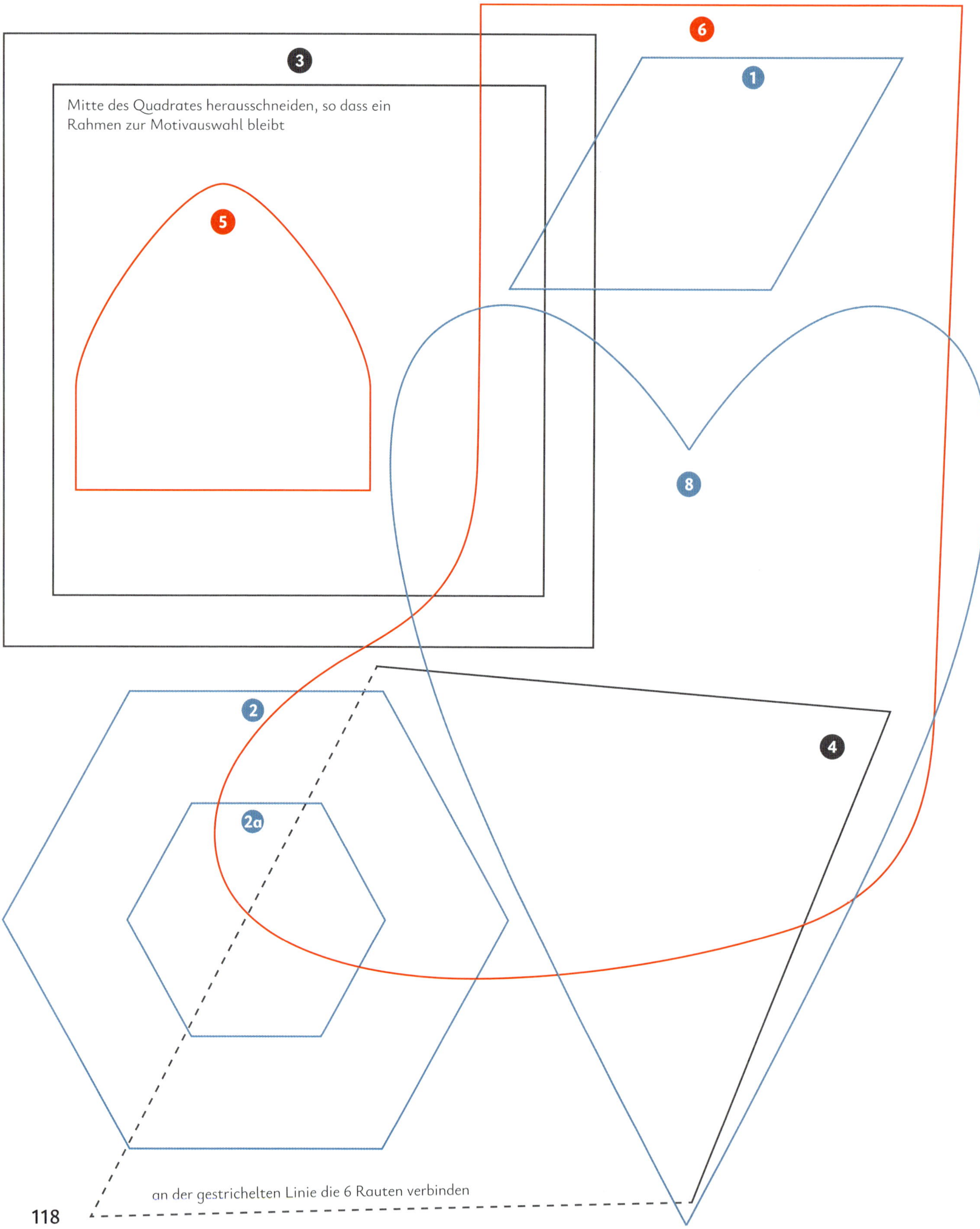

SCHABLONEN

zzgl. 1 cm Nahtzugabe, sofern nicht anders angegeben

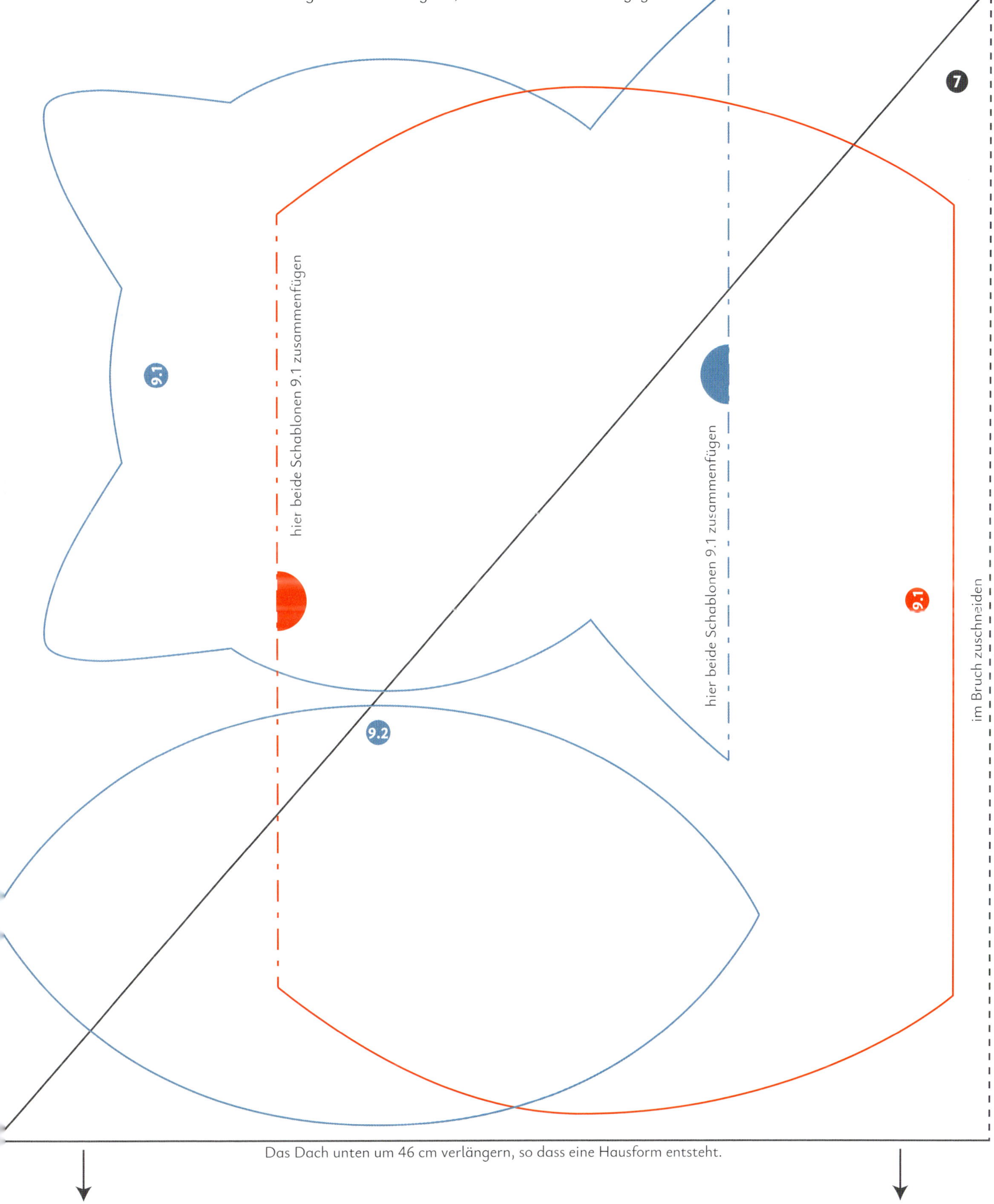

Das Dach unten um 46 cm verlängern, so dass eine Hausform entsteht.

Unser Nählexikon bietet allgemeine Anhaltspunkte für verschiedene Techniken und lässt Raum für eigene, bevorzugte Methoden.

!WICHTIG: STOFFE VORWASCHEN

Stoffe laufen beim ersten Waschgang material- und strukturbedingt unterschiedlich ein, daher müssen alle Stoffe unbedingt vor dem Verarbeiten vorgewaschen werden. So wird ein späteres Verziehen und Einlaufen der fertigen Projekte verhindert und es bleibt lange Freude an den handgemachten Produkten. Die Einlaufmenge wurde bei den Materialangaben berücksichtigt.
Versäubere gewebte Stoffe, wie Baumwolle und Leinen, zuvor an der Schnittkante, um ein Ausfransen zu verhindern. Verwende für unsere Baumwoll-, Leinen- und Mischgewebe ein Feinwaschmittel, einen Schonwaschgang mit 30°C und niedrige Schleudertouren. Verzichte auf den Trockner und lasse die gewaschenen Stoffe stattdessen an der Luft trocknen. Bügle die Baumwoll- und Leinenstoffe glatt, Leinenstoffe lassen sich am besten noch leicht feucht bügeln. Stickleinen ist generell besonders zu Behandeln, dies wird im Sticklexikon auf Seite 102 beschrieben. Wollstoffe sollten, statt mit der Maschine, besser von Hand vorgewaschen werden. Lasse sie kurz im Handwaschbecken in lauwarmen Wasser einweichen und drücke sie anschließend in ein Handtuch gerollt aus. Lasse die Wollstoffe danach liegend durchtrocknen, damit sie sich nicht verziehen.

BRIEFECKEN

Für die Briefecken werden die Kanten des Werkstücks im ersten Bügelschritt 1 cm nach links umgeschlagen und eingebügelt. Im zweiten Bügelschritt werden die umgebügelten Kanten nochmal in der gewünschten Saumbreite (1 cm, 2 cm, 3 cm oder 4 cm) auf die linke Stoffseite gebügelt und wieder aufgeklappt. Im dritten Bügelschritt werden die Ecken genau über den Eckpunkt der inneren Bügelnaht nach links gebügelt *(Abb. 1.1)*. Die Ecken werden wieder aufgefaltet und rechts auf rechts in sich aufeinandergelegt, so dass alle Bügelkanten genau aufeinander liegen. Die 1 cm Bügelnaht bleibt dabei zur linken Stoffseite umgeschlagen. Nun wird die Ecke entlang der Bügellinie aus dem dritten Bügelschritt abgenäht. Dabei wird Anfang und Ende gut verriegelt. Die Ecke wird bis auf eine Nahtzugabe von 0,5 cm gekürzt *(Abb. 1.2)*. Anschließend wird die Nahtzugabe auseinandergebügelt, die Ecke gewendet und nochmals gebügelt. Der Saum wird nun rundherum knappkantig abgesteppt *(Abb. 1.3)*.

BINDING ODER RANDBINDING

Nach dem Quilten begradige die Schnittkanten. Die Näharbeit wird mit dem sogenannten Binding eingefasst. Hierfür nähe einzelne Streifen mit schrägen Nähten zu einem Band zusammen, das um die ganze Näharbeit reicht. Schlage den Anfang im 45° Winkel zur linken Stoffseite ein *(Abb. 4.1)* und falte den Streifen der Länge nach links auf links. Bügle die Kante leicht ein.
Lege die Einfassung oben auf die Näharbeit und nähe das Band an *(Abb. 4.2)*. Beginne die Naht 10 cm hinter dem Bandanfang. Um eine Ecke zu nähen, stoppe 0,75 cm vor der Kante. Drehe die Näharbeit um 90° gegen den Uhrzeigersinn, schlage den Streifen im 90° Winkel nach oben und falte den Streifen entlang der nächsten Kante nach unten *(Abb. 4.3 + 4.4)*. Nähe nun die zweite Kante an. Verfahre so mit allen Kanten. Wenn du wieder am Anfang ankommst, schiebe das Ende des Einfassstreifens in den gefalteten Anfang *(Abb. 4.5)*. Schlage zum Schluss den Streifen auf die Rückseite und nähe ihn dort von Hand mit feinen Saumstichen fest *(Abb. 4.6)*.

HOTELVERSCHLUSS

Für ein Kissen mit Hotelverschluß benötigt man ein Vorderteil, einen Über- und einen Untertritt. Zuerst wird die untere Kante am Übertritt und die obere Kante am Untertritt gesäumt. Schlage dazu 2x 1 cm zur linken Seite, bügle den Saum ein und steppe ihn knappkantig ab.
Lege dann zuerst den Übertritt rechts auf rechts, oben und seitlich kantengleich, auf das Vorderteil. Dann den Untertritt rechts auf links auf den Übertritt, er liegt unten kantengleich und rechts auf rechts auf dem Vorderteil *(Abb. 5)*. Stecke alles fest, nähe den äußeren Kissenrand rundherum zusammen und versäubere ihn. Wende den Kissenbezug.

NAHTZUGABE UND VERSÄUBERN

Die Nahtzugabe ist der Abstand zwischen Schnittkante und Naht. Die Zuschnitte enthalten diese Nahtzugabe bereits, den Schablonen muss (wenn nicht anders erwähnt) 1 cm Nahtzugabe rundherum hinzugegeben werden. Die Nahtzugaben werden immer mit einem Zickzackstich oder mit der Overlock versäubert. Verschwinden die Nähte in einem Werkstück, verzichtet man auf das versäubern. Jersey, Walk, Boucle und ähnliche Stoffe werden nicht versäubert.
An Rundungen und innenliegenden Ecken wird die Nahtzugabe nach dem Nähen bis kurz vor die Naht eingeschnitten. dann legen sich die Kanten gefälliger in Form. Spitzen und Ecken an kleinen Werkstücken werden bis kurz vor die Naht abgeschnitten, so können die Ecken schöner und leichter rausgeformt werden.

NAHTSCHATTEN

Im Nahtschatten nähen bedeutet durch eine bereits vorhandene Naht eine weitere Naht zu setzen. Dadurch wird die zweite Naht fast unsichtbar. Beispiel: Man näht zwei Teile aneinander, bügelt diese Naht und steppt nun von rechts genau über die auseinandergebügelte Naht.

NÄHSTICHE

Matratzenstich

Beim Matratzenstich werden zwei Stoffteile unsichtbar miteinander verbunden, z.B. beim Schließen einer Wendeöffnung. Er wird von rechts nach links gearbeitet. Steche in den Rand der Faltkante ein und 2 mm daneben aus. Gehe nun auf die gegenüberliegende Faltkante und steche in diese ein und nach 2 mm wieder aus. *(Abb. 2.1)*

Saumstich

Der Saumstich eignet sich besonders um Säume und Applikationen mit kaum sichtbaren Stichen anzunähen. Stecke oder reihe zunächst den Saum/die Applikation fest. Bei EPP-Applikationen wird das Papier entfernt, die Nahtzugaben bleiben hinter der Applikation.
Arbeite den Stich immer von rechts nach links. Nähe am Anfang/Ende der Naht einige kleine Stiche um den Faden zu befestigen. Steche mit der Nadel direkt durch die Nahtkante (Applikation/ Saum) und steche dann senkrecht darunter (bei Applikationen versteckt durch die Nahtkante) durch den Unterstoff. Setze den nächsten Stich schräg hinter deiner Arbeit ca. 2- 3 mm weiter (bei gröberen Stoffen 5 mm) wieder durch die Nahtkante. *(Abb. 2.2 Saum, Abb. 2.3 Applikation)*

RECHTS AUF RECHTS

Lege die rechten Seiten zweier Stofflagen aufeinander (rechts auf rechts). Bei Druckstoffen sind es die bedruckten Seiten, bei Jersey oder Strickstoffen die glatten Seiten – oder eben solche Seiten, die beim fertigen Werkstück sichtbar sein sollen. In einigen Ausnahmen wird auch links auf rechts, rechts auf links oder links auf links gelegt. Damit wird immer die jeweilige Stoffseite bezeichnet.

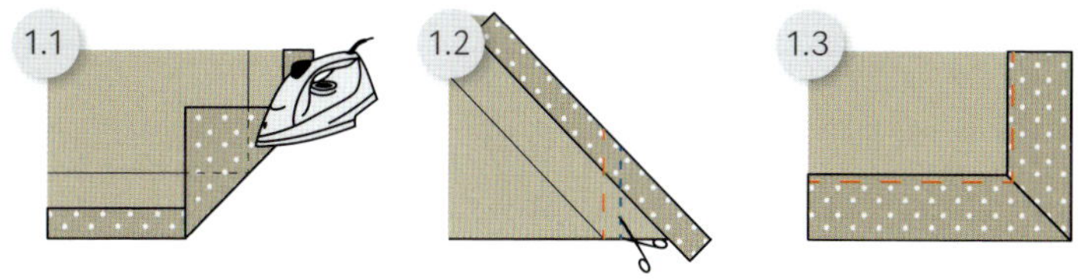

REIHEN ODER HEFTEN

Das Reihen oder Heften geschieht mit einem kontrastreichen Faden und ungefähr 1 cm langen Handstichen überall dort, wo Nadeln stören oder nicht ausreichen, um präzise fixieren zu können. Zum Beispiel vor dem Bügeln oder an Kanten, die genau aufeinander liegen sollen. Auch bei drei Lagen Stoff mit dickerem Volumenvlies, wie es bei den gesteppten Decken und Kissen der Fall ist, bietet sich das Reihen an – hier können die Reihstiche ruhig größer ausfallen. Der Reihfaden wird nach der Fertigstellung vorsichtig herausgezogen. Statt des Reihens können hier auch spezielle Quiltnadeln zum temporären Fixieren verwendet werden.

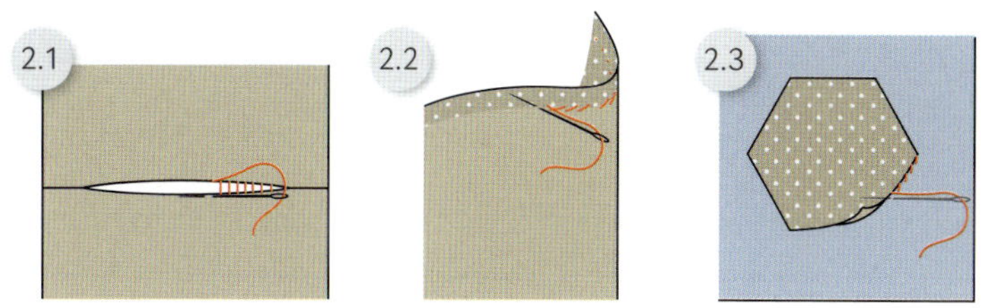

REISSVERSCHLUSS IN KISSEN

An der unteren Kante des Kissens werden jeweils von beiden Seiten 6 cm zugenäht *(Abb. 3.1)*. Diese Naht wird durchgehend auseinandergebügelt *(Abb. 3.2)*. Nähe den Reißverschluss von der rechten Stoffseite ein. Lass das Füßchen an den Reißverschlusszähnen vorbeilaufen. Noch präziser wird dieser Arbeitsschritt mit einem Reißverschlussfuß *(Abb. 3.3)*. In diesem Buch beträgt die Nahtzugabe an der unteren Kante für den Reißverschluss 2 cm (außer bei Patchwork), so lässt der Reißverschluß sich leichter einnähen.

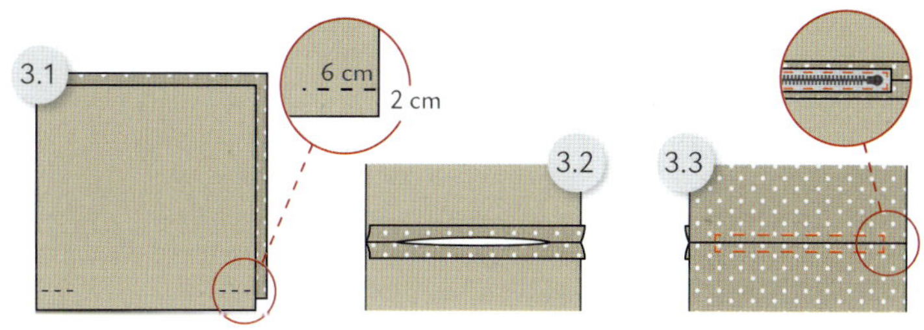

SCHABLONEN & ZUSCHNITT

Übertrage die Schablonen mit allen Markierungen auf transparentes Papier oder Folie, so ist das Stoffmuster bei der Platzierung gut zu erkennen. Die Schablone wird mit Stecknadeln auf dem Stoff platziert und mit einem Trickmarker oder einem Kreidestift umzeichnet. Auf dieser Linie wird später genäht. Zeichne eine zweite Linie im Abstand von 1 cm rundherum für die Nahtzugabe. Schneide den Stoff an der zweiten Linie aus. Einige Schablonen müssen zuvor an Markierpunkten aneinander gefügt oder verlängert werden. Der Zuschnitt erfolgt, wenn nicht anders angegeben, im Fadenlauf. Leinen wird fadengerade geschnitten. Hierfür ziehe zur Hilfe einen Faden an gewünschter Stelle aus dem Gewebe heraus und schneide daran entlang. Optional kann auch mit dem Rollschneider auf der Schneidematte zugeschnitten werden. Die EPP-Schablonen (Diamant und Hexagon) werden auf Papier übertragen und auf dem Papier ohne Nahtzugabe ausgeschnitten. Die benötigte Anzahl an Papierschablonen wird bei der jeweiligen Anleitung mit angegeben. Für weitere Infos zum Thema EPP siehe Seite 12-14. *Hinweis: In diesen Buch werden alle Maße in Länge x Breite angegeben.*

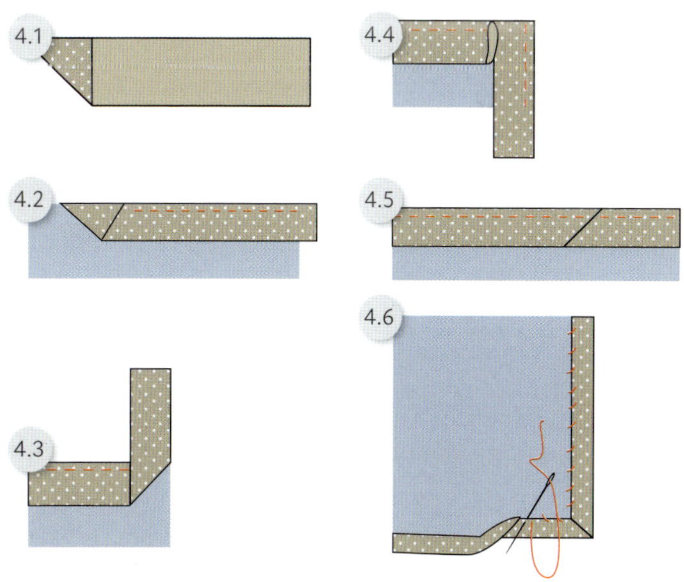

VERARBEITEN VON UNTERSCHIEDLICHEN STOFFARTEN

Nähe beim Zusammennähen von lockeren oder dehnbaren Stoffen (Webstoffe, Plüsch, Wolle, Jersey) mit festeren Stoffen (Leinen, BW-Stoff) immer von der festeren Stoffseite aus. Die Stoffe gegebenenfalls mit Quernadeln aufeinander stecken oder sogar reihen. Optional kann man den Rand mit einem 2 cm breiten Gewebeeinlagestreifen in passender Länge in Form halten. Eine weitere Idee um das Ausdehnen beim Nähen zu vermeiden, ist Wondertape. Dies ist ein doppelseitiges Klebeband, welches sich bei der ersten Wäsche wieder auswäscht.

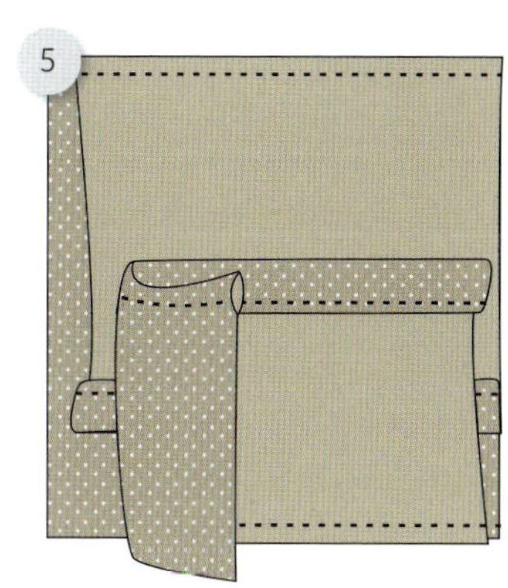

Für liebevoll handgefertigte Unikate verwenden wir ausschließlich hochwertige Materialien, die lange Freude bereiten und den besonderen Wert von Selbstgemachtem tragen.

MATERIALINDEX

STICKEREI
Zählleinen natur/ungebleicht | 11-fädig, 100% LI, 140 cm breit, Art.-Nr. 321-3281-53
Zählleinen weiß/gebleicht | 11-fädig, 100% LI, 140 cm breit, Art.-Nr. 321-3281-101
Zählleinen grau 12-fädig | 140 cm breit, 95% LI 5% PES, Art.-Nr. 321-3609-7025
Zählleinen ›Mini-Tupfen‹ natur-weiß | 11-fädig, 100% LI, Art.-Nr. 321-3281-1399
Stickgarn Deutsches Baumwollgarn V+H | 100% CO, Art.-Nr. 305-3080
oder alternativ DMC Twist
Holzstickring 21,5 cm | Art.-Nr. 6732-215-24

BAUMWOLLSTOFFE BEDRUCKT
BW-Stoff ›Weihnachtsleckereien‹ | 145 cm breit, Art.-Nr. 3523-915
BW-Stoff ›Winterweihnachtssport‹ | 145 cm breit, Art.-Nr. 3523-916
BW-Stoff ›Engel im Winterwald‹ | 145 cm breit, Art.-Nr. 3523-949
BW-Stoff ›Wintertag‹ | 145 cm breit, Art.-Nr. 3523-950
BW-Stoff ›Flockentanz‹ | 145 cm breit, Art.-Nr. 3523-951
BW-Stoff ›Nikoläuse‹ | 145 cm breit, Art.-Nr. 3523-952
BW-Stoff ›Weihnachtsfabelwald‹ | 145 cm breit, Art.-Nr. 3523-953
BW-Stoff ›Spielzeugladen‹ | 145 cm breit, Art.-Nr. 3523-954
BW-Stoff ›Streifen‹ anthrazit-weiß | 145 cm, Art.-Nr. 3523-941
BW-Stoff ›Feine Streifen‹ dunkelrot | 145 cm, Art.-Nr. 3523-854
BW-Stoff ›Tupfen‹ rot-weiß | 145 cm, Art.-Nr. 3523-500
BW-Stoff ›Mini-Tupfen‹ weiß-rot | 145 cm, Art.-Nr. 3523-946
BW-Stoff ›Tupfen‹ hellgrau-weiß | 145 cm, Art.-Nr. 3523-761
BW-Stoff ›Tupfen‹ graugrün-weiß | 145 cm, Art.-Nr. 3523-808
BW-Stoff ›Tupfen‹ schiefer-weiß | 145 cm, Art.-Nr. 3523-866
BW-Stoff ›Tupfen‹ taupe-weiß | 145 cm, Art.-Nr. 3523-590
BW-Stoff ›Emma‹ Thymian | 145 cm breit, Art.-Nr. 3523-1300-01
BW-Stoff ›Emma‹ Kiesel | 145 cm breit, Art.-Nr. 3523-1300-09
BW-Stoff ›Emma‹ Schiefer | 145 cm breit, Art.-Nr. 3523-1300-08

WEBSTOFFE BAUMWOLLE
BW-Webstoff ›Karo‹ rosa | 140 cm breit, 210 g/m^2, Art.-Nr. 3523-1601-77
BW-Webstoff ›Karo‹ blau | 140 cm breit, 210 g/m^2, Art.-Nr. 3523-1601-80
BW-Webstoff ›Karo‹ grün | 140 cm breit, 210 g/m^2, Art.-Nr. 3523-1601-27
BW-Webstoff ›Fischgrät‹ anthrazit | 140 cm breit, 210 g/m^2, Art.-Nr. 3523-1603-20
BW-Webstoff ›Fischgrät‹ blau | 140 cm breit, 210 g/m^2, Art.-Nr. 3523-1603-80
BW-Webstoff ›Fischgrät‹ grün | 140 cm breit, 210 g/m^2, Art.-Nr. 3523-1603-27
BW-Webstoff ›Fischgrät‹ natur | 140 cm breit, 210 g/m^2, Art.-Nr. 3523-1603-06

WOLL-, SYNTHETIK- & MISCHGEWEBE
Teddyplüsch wollweiß | 80% CO 20% PES, 150 cm breit, 285 g/m^2, Art.-Nr. 3622-RS0033-051
Teddyplüsch steingrau | 80% CO 20% PES, 150 cm breit, 285 g/m^2, Art.-Nr. 3622-RS0034-003
gekochte Wolle rot | 50% WO 50% VI, 138 cm breit, 355 g/m^2, Art.-Nr. 3622-MR1043-515
gekochte Wolle anthrazit | 50% WO 50% VI, 138 cm breit, 355 g/m^2, Art.-Nr. 3622-MR1043-568
gekochte Wolle wollweiß | 100% WO, 140 cm breit, 380 g/m^2, Art.-Nr. 3622-RS0128-551
Strickstoff ›Bouclé Maxi‹ grau | 100% PES, 145 cm breit, 340 g/m^2, Art.-Nr. 3622-Q22136-068
Strickstoff ›Bouclé Maxi‹ creme | 100% PES, 145 cm breit, 340 g/m^2, Art.-Nr. 3622-Q22136-510
Strickstoff ›Bouclé Maxi‹ rot | 100% PES, 145 cm breit, 340 g/m^2, Art.-Nr. 3622-Q22136-150

NÄHLEINEN
Leinenstoff weiß | 140 cm breit, Art.-Nr. 3622-RS0041-150
Leinenstoff rot | 140 cm breit, Art.-Nr. 3622-RS0352-150

EINLAGEN
bauschiges Volumenvlies | 100% PES, 150 cm breit, Art.-Nr. 3255-109
dickes Volumenvlies zum Aufbügeln | 100% PES, 90 cm breit, Art.Nr.: 3255-115
Füllwatte | 100% PES, 100 g Beutel, Art.-Nr. 6269-150

PASPELN & BÄNDER
Paspel 10 mm dunkelgrau | 65% PES 35% CO, Art.-Nr. 6425-PAS02-010-1260
Paspel 10 mm hellgrau | 65% PES 35% CO, Art.-Nr. 6425-PAS02-010-1257
Paspel 10 mm weiß | 65% PES 35% CO, Art.-Nr. 6425-PAS02-010-1000
Satinband doppelseitig creme | 1,5 mm, Art.-Nr. 6425-0419-1.5-245
Satinband doppelseitig rot | 1,5 mm, Art.-Nr. 6425-0419-1.5-300

WERBUNG

allthebeautifullinen

Die Marke allthebeautifullinen wurde von Loreta Jasiukėnienė und ihren beiden Töchtern Elzė und Unė Jasiukėnaitė ins Leben gerufen, um nostalgische, zeitlose und romantische Stücke für Frauen und Kinder zu entwerfen. Auch North, die Enkeltochter der Gründerin ist schon mit dabei und auf vielen Bildern zu sehen. Ihre Produkte werden aus hochwertigem Leinen hergestellt und in sorgfältiger Handarbeit gefertigt, um eine außergewöhnliche Qualität zu gewährleisten. Jedes Stück wird in Europa, Litauen, von Menschenhand genäht, zugeschnitten und bestickt. Auch die schönen Schürzen, welche in diesem Buch zu sehen sind (z.B. S. 15 und 88), können bei ihnen erworben werden.
In ihrem Atelier passieren all die schönen Dinge - von der Entwicklung neuer Ideen bis zum Sticken und Fotografieren unserer neuesten Designs. Auch ihre Näherinnen sitzen in unmittelbarer Nähe, um die Produktionsprozesse im Auge zu behalten und gleichzeitig lokal und nachhaltig zu bleiben. Viele Kleidungsstücke aus ihrem Shop können mit wunderschönen handgefertigten Stickereien ergänzt werden. Jede Saison gibt es eine neue Kollektion von Stickereien – Blumen, Wald, Magie – was auch immer. Sie sind ein kleines Familienunternehmen mit lokaler Produktion und dem Bestreben, einen umweltfreundlichen Lebensstil zu führen.

www.allthebeautifullinen.com

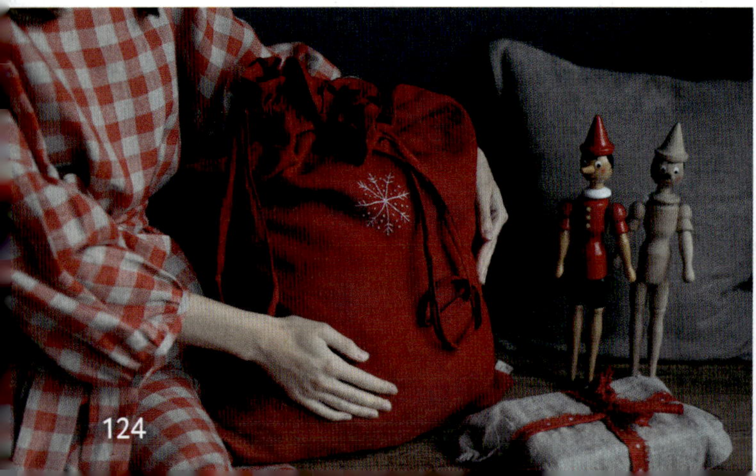

all the beautiful linen

MEHR VON ACUFACTUM

Produkte mit Herz für schöne Handarbeiten.

Weitere Bücher, Produkte und Inspirationen finden Sie in unserem Shop auf ***www.acufactum.de*** oder bei Ihrem Fachhändler vor Ort. Entdecken Sie die liebevoll gestalteten Welten von acufactum!

Heimgemacht in der Winterzeit
144 Seiten, 21,5 x 27 cm
ISBN 978-3-940193-55-1
Art.-Nr. 4047 | € 26,90 (D)

Heimgemacht in der Sommerzeit
128 Seiten, 21,5 x 27 cm,
ISBN 978-3-940193-61-2
Art.-Nr. 4053 | € 26,90 (D)

Mein Winterglück
68 Seiten, 21,5 x 27 cm,
ISBN 978-3-940193-58-2
Art.-Nr. 4050 | 22,90 € (D)

Pippa & Pelle | Neuauflage
112 Seiten, 20 x 24 cm
ISBN 978-3-940193-60-5
Art.-Nr. 4052 | 19,90 € (D)

Winterfreuden | Neuauflage
112 Seiten, 20 x 24 cm
ISBN 978-3-940193-59-9
Art.-Nr. 4051 | 19,90 € (D)

Liebevolle Stickereien D. Drescher
68 Seiten, 20 x 24 cm
ISBN 978-3-940193-56-8
Art.-Nr. 4048 | 19,90 € (D)

Sommer im Wald
68 Seiten, 21,5 x 27 cm,
ISBN 978-3-940193-57-5
Art.-Nr. 4049 | 22,90 € (D)

AUS UNSERER WINTER-KOLLEKTION 2024

35413 | 50 x 60 mm
Winterkinder

35412 | 50 x 60 mm
Schneemann und Igel

35415 | 60 x 50 mm
Nikolaus

35414 | 60 x 50 mm
Eichhörnchen und Igel

3523-955 | BW-Stoff
Kinder und Rentiere

3523-957 | BW-Stoff
Winter auf dem Bauernhof

3523-956 | BW-Stoff
Winterromantik

3523-958 | BW-Stoff
Wildtiere

3523-962 | BW-Stoff
Weihnachtsgirlanden

3523-963 | BW-Stoff
Winterpoesie

3523-964 | BW-Stoff
Schneemänner und Wintertiere

3523-959 | BW-Stoff
Häuser und Wintergrün

3523-960 | BW-Stoff
Laternenkinder

3523-961 | BW-Stoff
Beerenkränze

Liebevoll gestaltete Baumwollstoffe

Unsere wunderschönen, griffigen Webstoffe werden mit viel Engagement in Südeuropa für uns produziert. Die digitale Drucktechnik ermöglicht es, die feinen handgezeichneten Illustrationen so meisterhaft abzubilden. Bitte beachten Sie unsere Waschempfehlungen auf Seite 120.

35409 | 30 mm
Weihnachtsvögel

35408 | 16 mm
Festtagsfreude

35410 | 30 mm
Schneemänner

35411 | 30 mm
Häuser und Blüten Winter

Impressum

1. Auflage 2024
Herausgegeberin: Ute Menze
Verlag acufactum Ute Menze
Buchenstraße 11 | 58640 Iserlohn-Hennen | Germany
Fon: 0049 2304 91097 0 | Fax: 0049 2304 91097 26
E-Mail: info@acufactum.de
Webseite & Shop: www.acufactum.de

- Idee & Konzept: Natascha Schröder & Meike Menze-Stöter
- Textile Entwürfe, Stickumsetzung, Anleitungen und Realisation: Natascha Schröder, www.rosa4052.de
- Styling und Fotografie: Loreta Jasiukėnienė und Elzė Jasiukėnaitė
- Illustrationen im Buch: Silke Leffler
- Textilmotive (Stoffe und Stickereien) nach Illustrationen von: Silke Leffler
- Gestaltung, Satz, und Skizzen: acufactum
- Druck: Neografia, Slowakei

ISBN 978-3-940193-62-9

© 2024 acufactum Ute Menze
Das Werk einschließlich aller seiner Teile ist urheberrechtlich geschützt. Jede Verwertung außerhalb des Urhebergesetzes ist ohne Zustimmung des Verlags unzulässig und strafbar. Das gilt insbesondere für Vervielfältigungen, Übersetzungen, Mikroverfilmungen und die Einspeicherung und Verarbeitung in elektronischen Systemen. Es ist deshalb nicht gestattet, Abbildungen dieses Buches zu scannen, in PCs oder auf anderen Speichermedien zu speichern oder in Computern zu verändern oder einzeln oder zusammen mit anderen Bildvorlagen zu manipulieren, es sei denn mit schriftlicher Genehmigung des Verlags. Abweichende Farben können drucktechnisch bedingt sein. Jede gewerbliche Nutzung der Arbeiten und der Entwürfe ist nur mit Genehmigung des Verlags gestattet. Bei der Anwendung in Beratungsgesprächen, im Unterricht und in Kursen ist auf dieses Buch hinzuweisen.

Wichtiger Hinweis
Die im Buch veröffentlichten Ratschläge wurden vom Verlag sorgfältig geprüft. Eine Garantie kann jedoch nicht übernommen werden. Ebenso ist eine Haftung des Verlags für Personen-, Sach- oder Vermögensschäden ausgeschlossen. Abweichende Farben können drucktechnisch bedingt sein.

Bibliografische Information Deutsche Nationalbibliothek
Die Deutsche Nationalbibliothek verzeichnet diese Publikation in der Deutschen Nationalbibliografie; detaillierte bibliografische Daten sind im Internet über http://d-nb.de abrufbar.